2011

中国城市客运发展报告

中华人民共和国交通运输部

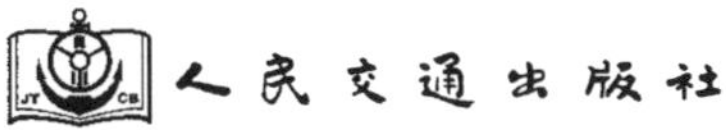

内 容 提 要

本报告全面、客观地反映了2011年度中国城市客运发展状况和行业发展水平。报告分为综述篇、行业篇、专题篇和年度大事记四个部分，共十二章，涵盖了城市公共汽电车、城市轨道交通、出租汽车等城市客运业务管理范畴，并对“公交都市”建设、城乡道路客运一体化、城市轨道交通运营安全、城市客运信息化建设、出租汽车管理、城市交通拥堵治理以及城市客运节能减排等方面的情况作了专题介绍。本报告可为公众了解城市客运行业发展状况提供基础信息，也可为城市客运管理相关政策法规制定、城市客运企业发展、工程技术研究等相关工作提供参考。

图书在版编目（CIP）数据

2011中国城市客运发展报告 / 中华人民共和国交通运输部编．— 北京：人民交通出版社，2012.10

ISBN 978-7-114-10157-1

Ⅰ．①2… Ⅱ．①中… Ⅲ．①城市运输－旅客运输－研究报告－中国－2011 Ⅳ．①F572.8

中国版本图书馆CIP数据核字（2012）第245794号

书　　名：**2011中国城市客运发展报告**
著 作 者：中华人民共和国交通运输部
责任编辑：林宇峰
出版发行：人民交通出版社
地　　址：(100011) 北京市朝阳区安定门外外馆斜街3号
网　　址：http://www.ccpress.com.cn
销售电话：(010)59757969，59757973
总 经 销：人民交通出版社发行部
经　　销：各地新华书店
印　　刷：中国电影出版社印刷厂
开　　本：880×1230　1/16
印　　张：7.25
字　　数：230千
版　　次：2012年10月　第1版
印　　次：2012年10月　第1次印刷
书　　号：ISBN 978-7-114-10157-1
定　　价：100.00元

编委会 Bianweihui

编写领导小组

组　长：李　刚　交通运输部道路运输司司长

副组长：徐亚华　交通运输部道路运输司副司长

李作敏　交通运输部科学研究院院长

崔学忠　交通运输部科学研究院副院长

成　员：蔡团结　交通运输部道路运输司城乡客运管理处处长

战榆林　交通运输部道路运输司城乡客运管理处副处长

刘美银　交通运输部道路运输司出租汽车管理处处长

张　贝　交通运输部道路运输司出租汽车管理处副处长

陈　钟　交通运输部综合规划司统计处处长

江玉林　交通运输部科学研究院城市交通研究中心主任

编委会 Bianweihui

编 写 组

编写说明 Bianxie Shuoming

本报告由交通运输部道路运输司、交通运输部科学研究院共同组织编写完成。交通运输部科学研究院城市交通研究中心承担具体的编写及组织工作。

本报告内容分为综述篇、行业篇、专题篇和年度大事记四个部分，共十二章。各章主要撰稿人如下：第一章，冯立光、陈锁祥；第二章，彭唬、冯立光；第三章，杨丽改、郑宇；第四章，贾文峥、朱晗；第五章，杨丽改、郭姗姗；第六章，张燕、张好智；第七章，郭姗姗、彭唬、冯立光、郑宇；第八章，贾文峥、朱晗、郭谨一；第九章，刘好德、赵元；第十章，钟朝晖、郭谨一；第十一章，江天、安晶、宋煜；第十二章，李振宇。全书统稿由张好智、彭唬、吴洪洋完成，文字数据校核由郭姗姗、杨丽改、江雪梅等完成，插图绘制由杨丽改、郭姗姗、安晶完成。

交通运输部综合规划司、交通运输部规划研究院、交通运输部管理干部学院、济南市交通运输局、北京交通发展研究中心等单位的有关同志参与了本报告的审稿工作，并提出了修改意见和建议。

本报告中城市客运系统包括公共汽电车、城市轨道交通、出租汽车、城市客运轮渡以及相应的服务设施设备等，本报告主要数据来源为全国交通运输资料汇编、公路水路交通运输行业发展统计公报、中国城市建设统计年鉴以及交通运输部道路运输司等部门的统计资料，案例材料来源于交通运输部道路运输司、综合规划司、政策法规司和地方城市交通管理部门。本报告不包含香港、澳门特别行政区和台湾省的情况。

本报告按自然地理位置划分31个省（自治区、直辖市）的东部、中部、西部地区分布：

（1）东部地区：北京、天津、河北、辽宁、上海、江苏、浙江、福建、山东、广东、广西和海南12个省（自治区、直辖市）；

(2) 中部地区：山西、内蒙古、吉林、黑龙江、安徽、江西、河南、湖北和湖南9个省（自治区）；

(3) 西部地区：重庆、四川、贵州、云南、西藏、陕西、甘肃、青海、宁夏和新疆10个省（自治区、直辖市）。

由于2011年的城市人口数据尚未出版发布，本报告中与人口相关的指标数据均采用2010年度统计数据计算得出；文中“人口”均含“暂住人口”。

目 录 Mulu

目 录 Mulu

专 题 篇

综述篇

Zongshu Pian

第一章　城市客运发展概述

1.1　城市客运供给能力

截至 2011 年年底，全国共有公共汽电车运营车辆 45.3 万辆（折合 50.0 万标台），比 2010 年增长 7.7%（9.1%），比 2009 年增长 10.0%（13.2%），见图 1-1。2011 年全国公共汽电车运营线路总条数共计 3.6 万条，运营线路总长度达 67.3 万公里，比 2010 年增长 6.2%，见图 1-2。

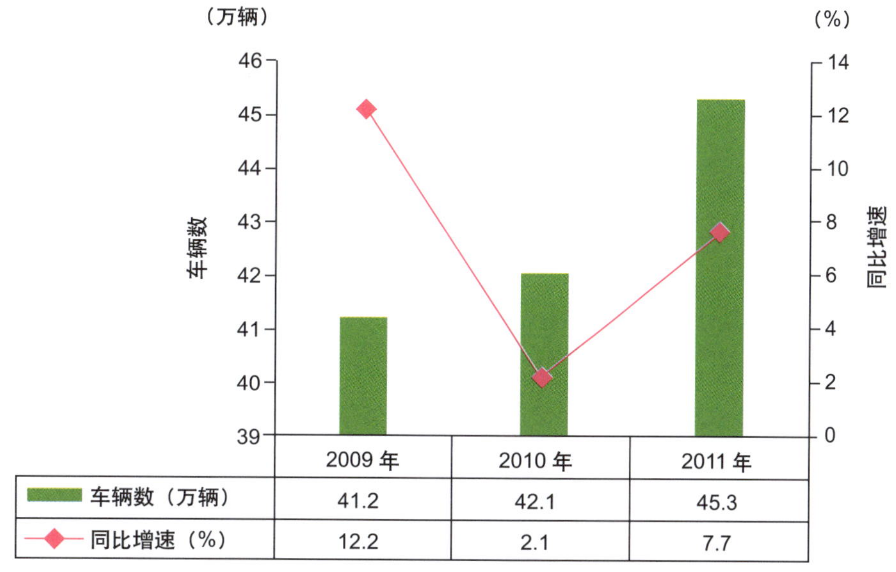

图 1-1　2009 ~ 2011 年全国城市公共汽电车运营车辆数量情况

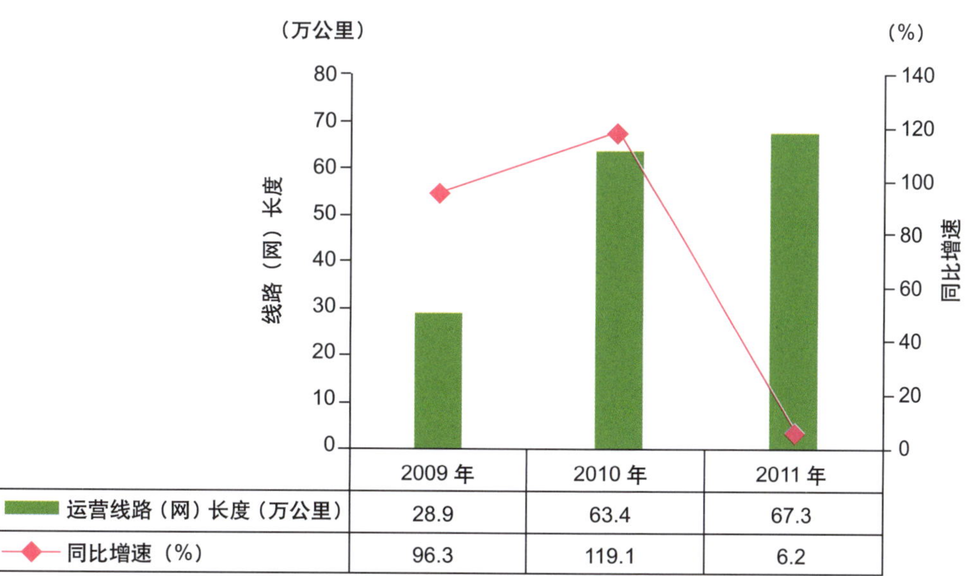

图 1-2　2009 ~ 2011 年全国城市公共汽电车运营线路（网）长度情况

注：2009 年数据按照公交线路网长度统计，2010 ~ 2011 年数据按照运营线路总长度（含重复线路）统计。

截至2011年年底，全国城市轨道交通运营车辆共计9945辆（折合24330标台），比2010年增长20.0%（15.0%），比2009年增长81.5%（79.1%），见图1-3。2011年全国城市轨道交通运营线路共计58条，线路总长度为1698.7公里，比2010年增长了15.5%，比2009年增长68.0%，见图1-4。

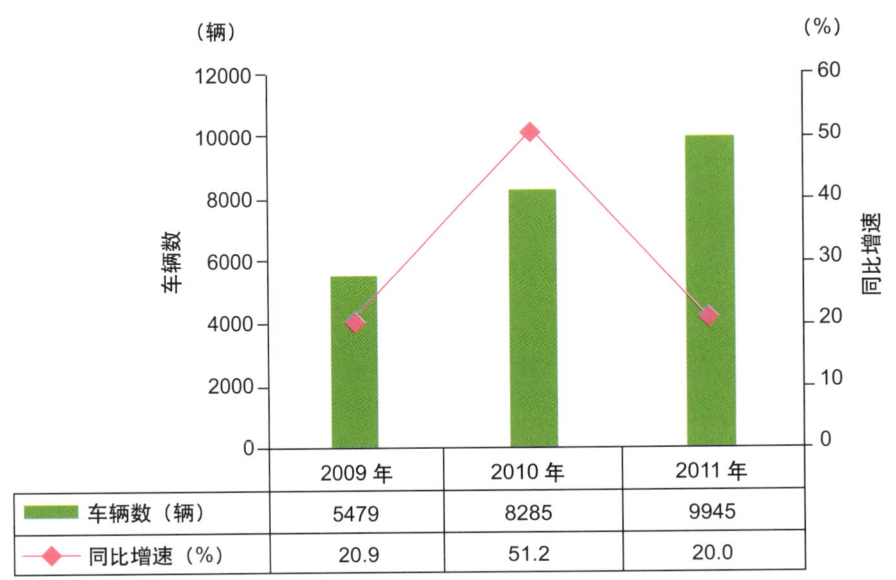

图1-3　2009～2011年全国城市轨道交通车辆数量情况

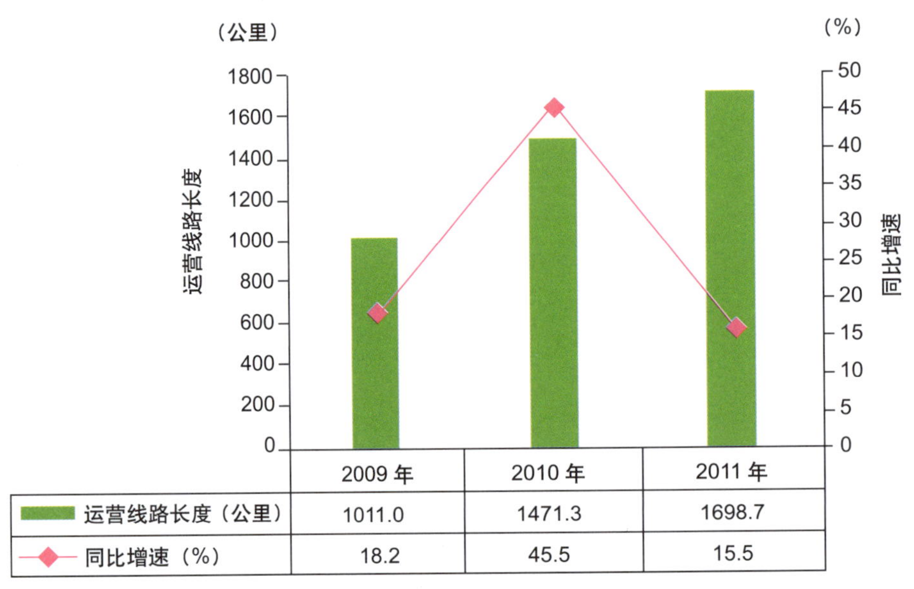

图1-4　2009～2011年全国城市轨道交通运营线路长度情况

2011年，全国城区人口平均每万人拥有公共交通车辆数（包括公共汽电车和轨道交通车辆）为13.3标台，比2010年增长9.9%。近3年公共交通车辆保有率情况见图1-5。

截至2011年年底，全国出租汽车运营车辆共计126.4万辆，比2010年增长3.1%，比2009年增长6.0%，近3年全国城市出租汽车运营车辆数量情况见图1-6。

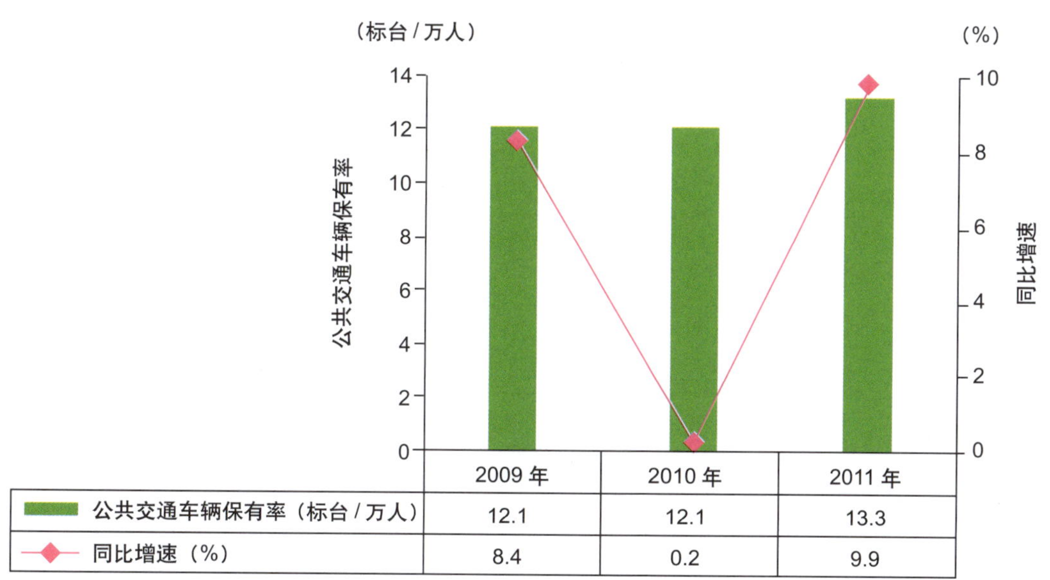

图 1-5　2009 ~ 2011 年全国公共交通车辆保有率情况

注：公共交通车辆标台数为公共汽电车标台数和城市轨道交通标台数之和，不含城市客运轮渡。

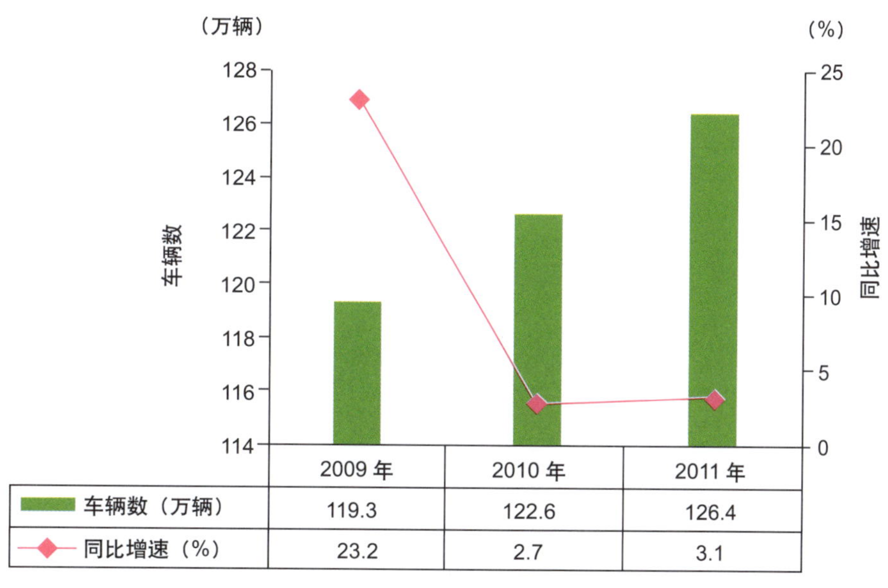

图 1-6　2009 ~ 2011 年全国城市出租汽车运营车辆数量情况

截至 2011 年年底，全国城市客运轮渡船数共计 1061 艘，比 2010 年下降 11.0%，比 2009 年下降 21.8%，近 3 年全国城市客运轮渡船数情况见图 1-7。

2011 年全国 31 个省（自治区、直辖市）城市客运供给能力综合情况见表 1-1，2011 年全国 36 个中心城市客运供给能力综合情况见表 1-2。

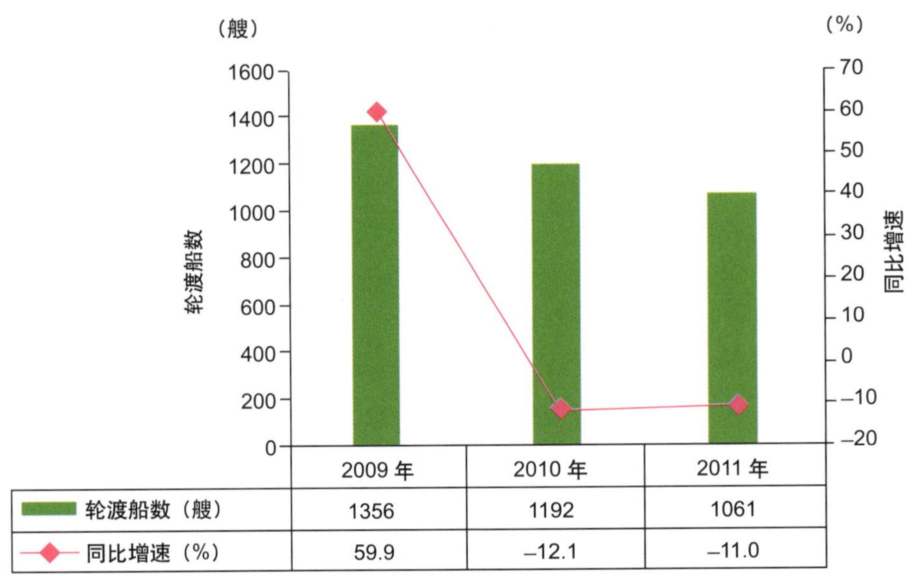

图 1-7　2009 ～ 2011 年全国城市客运轮渡船数情况

2011 年全国 31 个省（自治区、直辖市）城市客运供给能力综合情况　　表 1-1

省份	公共交通车辆数（标台）	城市轨道交通车辆数（标台）	公共交通车辆保有率（标台 / 万人）	公共汽电车运营线路总长度（公里）	城市轨道交通运营线路总长度（公里）	公交专用车道长度（公里）	车均场站面积（平方米 / 标台）
全　国	524224	24330	13.3	672947	1698.7	4425.6	104.6
北　京	38962	7125	23.1	19460	372	324.5	99.5
天　津	9347	777	15.2	12606	83.7	65.0	84.1
河　北	18765	—	12.2	26294	—	56.8	79.5
山　西	9207	—	9.5	17999	—	52.0	110.6
内蒙古	7767	—	9.3	19126	—	51.2	143.0
辽　宁	24921	825	11.8	23089	114.9	242.3	119.7
吉　林	10946	298	10.2	11464	38.7	93.0	36.9
黑龙江	16463	—	12.1	17094	—	51.7	91.2
上　海	27682	7248	12.0	22906	454.1	161.8	82.9
江　苏	36840	1125	14.6	50971	85	519.7	167.1
浙　江	27291	—	15.0	46905	—	136.6	118.5
安　徽	14397	—	11.6	14224	—	128.5	142.3
福　建	13289	—	13.3	18739	—	86.5	84.4
江　西	10009	—	12.2	16428	—	21.4	105.6
山　东	38202	—	14.0	58777	—	501.1	118.1

续上表

省份	公共交通车辆数（标台）	城市轨道交通车辆数（标台）	公共交通车辆保有率（标台/万人）	公共汽电车运营线路总长度（公里）	城市轨道交通运营线路总长度（公里）	公交专用车道长度（公里）	车均场站面积（平方米/标台）
河　南	20860	—	9.8	23167	—	40.0	101.8
湖　北	21234	330	12.2	19970	28.9	61.1	92.5
湖　南	16450	—	13.3	20434	—	148.9	77.7
广　东	61946	5510	14.1	82228	413	829.6	82.2
广　西	9840	—	11.6	16658	—	89.7	138.4
海　南	2586	—	11.3	5302	—	—	83.5
重　庆	9170	570	8.7	8880	70		41.9
四　川	24747	312	15.6	24595	18.5	314.0	102.7
贵　州	5555	—	10.3	6212	—	13.4	93.6
云　南	11000	—	15.0	39924	—	118.7	136.0
西　藏	536	—	11.9	970	—	—	76.5
陕　西	13363	210	17.0	11402	19.9	219.7	110.6
甘　肃	6224	—	11.5	7278	—	—	90.8
青　海	3162	—	26.6	5543	—	—	55.7
宁　夏	3065	—	13.7	6318	—	32.0	93.6
新　疆	10398	—	16.5	17984	—	66.4	137.5

注：1- 公共交通车辆数与公共交通车辆保有率指标中的公共交通为公共汽电车交通与城市轨道交通，不含城市客运轮渡。

2- 车均场站面积中场站面积为保养场面积与停车场面积之和。

2011 年全国 36 个中心城市客运供给能力综合情况　　表 1-2

城市	公共交通车辆数（标台）	城市轨道交通车辆数（标台）	公共交通车辆保有率（标台/万人）	公共汽电车运营线路总长度（公里）	城市轨道交通运营线路总长度（公里）	公交专用车道长度（公里）	车均场站面积（平方米/标台）
北　京	38962	7125	23.1	19460	372.0	324.5	99.5
天　津	9347	777	15.2	12606	83.7	65.0	84.1
石家庄	4748	—	19.4	2833	—	26.8	45.3
太　原	2808	—	9.3	2502	—	49.0	110.4
呼和浩特	1746	—	11.1	1581	—	17.0	331.6
沈　阳	6939	345	14.5	3741	27.9	133.6	91.9
长　春	5195	298	16.7	4409	38.7	80.0	5.3

续上表

城市	公共交通车辆数（标台）	城市轨道交通车辆数（标台）	公共交通车辆保有率（标台/万人）	公共汽电车运营线路总长度（公里）	城市轨道交通运营线路总长度（公里）	公交专用车道长度（公里）	车均场站面积（平方米/标台）
哈尔滨	6662	—	16.0	3861	—	30.7	149.4
上　海	27682	7248	12.0	22906	454.1	161.8	82.9
南　京	8848	1125	17.9	7242	85.0	73.0	74.5
杭　州	9122	—	27.5	11106	—	100.0	134.4
合　肥	3677	—	14.9	1970	—	22.4	164.0
福　州	3656	—	17.8	2821	—	16.0	69.7
南　昌	4117	—	19.4	3836	—	11.9	21.9
济　南	5120	—	18.2	3839	—	112.9	204.9
郑　州	6359	—	12.7	3721	—	30.0	151.4
武　汉	10359	330	16.2	5919	28.9	32.9	79.4
长　沙	4658	—	18.4	3195	—	129.6	80.7
广　州	17601	3230	20.3	13767	236.0	200.0	83.4
南　宁	3331	—	15.2	2304	—	60.0	95.5
海　口	1498	—	13.5	3095	—	—	77.4
重　庆	9170	570	8.7	8880	70.0	—	41.9
成　都	11275	312	26.0	6309	18.5	263.0	106.9
贵　阳	2868	—	13.2	2831	—	13.4	76.4
昆　明	5189	—	15.5	10568	—	117.8	173.8
拉　萨	409	—	10.7	500	—	—	97.8
西　安	9060	210	26.5	5584	19.9	202.0	109.2
兰　州	3037	—	15.3	1227	—	—	67.8
西　宁	1975	—	19.7	1196	—	—	53.2
银　川	1398	—	12.9	1173	—	32.0	20.0
乌鲁木齐	4724	—	16.9	2154	—	41.4	114.5
大　连	6787	480	23.2	3197	87.0	43.0	119.4
青　岛	7085	—	25.6	4536	—	79.0	77.5
宁　波	4395	—	26.7	7168	—	23.3	113.3
深　圳	20204	2280	19.5	17596	177.0	512.0	72.5
厦　门	4550	—	16.4	5076	—	63.2	61.8

注：1- 公共交通车辆数与公共交通车辆保有率指标中的公共交通为公共汽电车交通与城市轨道交通，不含城市客运轮渡。

2- 车均场站面积中场站面积为保养场面积与停车场面积之和。

1.2　城市客运服务水平

截至 2011 年年底，全国城市客运总量达到 1165.5 亿人次，比 2010 年增长 8.5%，比 2009 年增长 8.9%，近 3 年的客运总量情况见图 1-8。

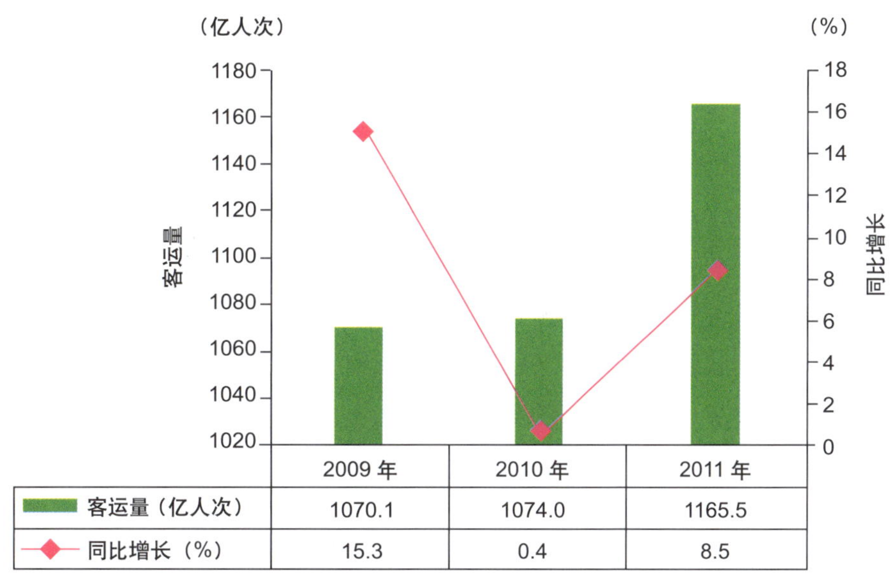

图 1-8　2009 ~ 2011 年全国城市客运总量情况

截至 2011 年年底，全国城区人口年人均乘坐公共交通次数为 199.9 次，比 2010 年增长 8.4%，近 3 年全国城区人口年人均乘坐公共交通次数情况见图 1-9。

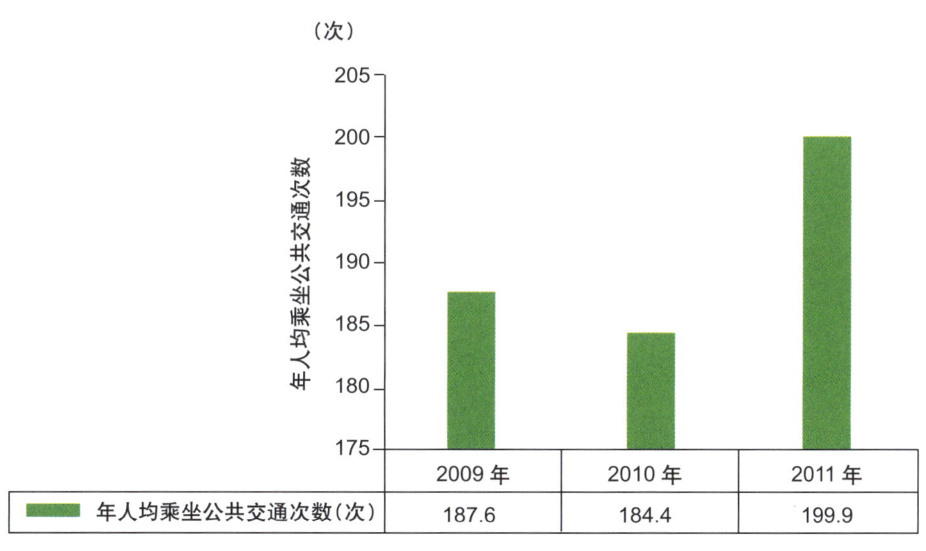

图 1-9　2009 ~ 2011 年全国城区人口年人均乘坐公共交通次数情况

注：公共交通包括公共汽电车、城市轨道交通、城市客运轮渡三种交通方式。

从城市客运的几种运输方式来看，2011 年城市公共汽电车和出租汽车客运量稳步上升，城市轨道交通客运量增幅最快，同比增长达到 28.0%。2009 ～ 2011 年 3 年期间全国城市客运各运输方式客运量情况见图 1-10。

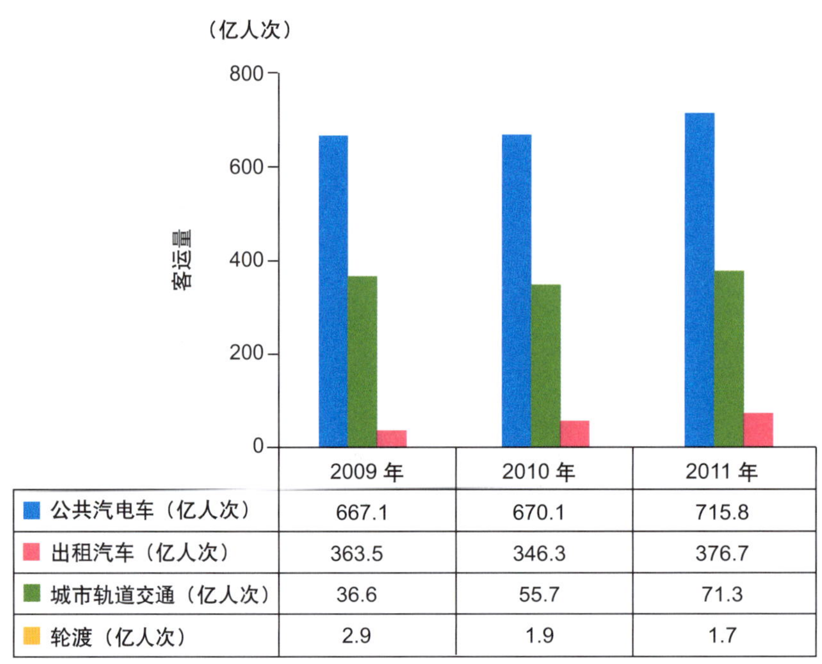

	2009 年	2010 年	2011 年
公共汽电车（亿人次）	667.1	670.1	715.8
出租汽车（亿人次）	363.5	346.3	376.7
城市轨道交通（亿人次）	36.6	55.7	71.3
轮渡（亿人次）	2.9	1.9	1.7

图 1-10　2009 ～ 2011 年全国城市客运各运输方式客运量情况

2011 年全国城市客运总量中，公共汽电车完成客运量为 715.8 亿人次，占 61.4%；城市轨道交通客运量为 71.3 亿人次，占 6.1%；出租汽车客运量为 376.7 亿人次，占 32.3%；轮渡客运量为 1.7 亿人次，占 0.2%，与 2010 年相比，城市轨道交通客运量比重上升了 0.9 个百分点，公共汽电车客运量比重下降了 1 个百分点，见图 1-11。

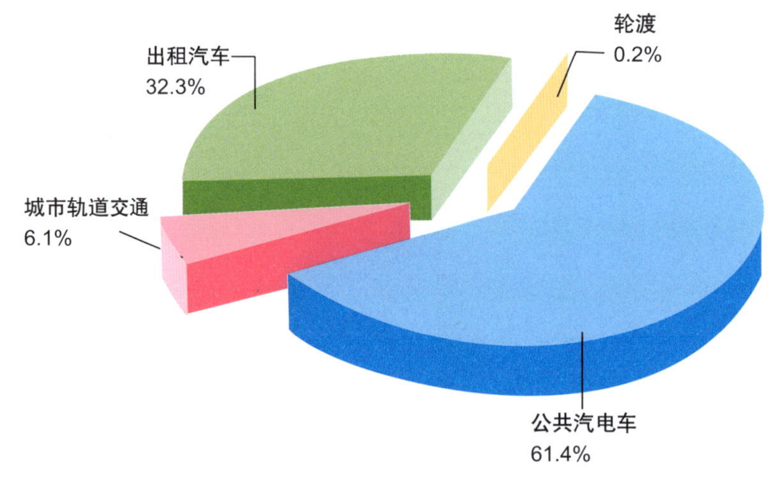

图 1-11　2011 年全国城市客运量比重

2011 年全国 31 个省（自治区、直辖市）城市公共交通服务水平综合情况见表 1-3，2011 年全国 36 个中心城市公共交通服务水平综合情况见表 1-4。

2011年全国31个省（自治区、直辖市）城市公共交通服务水平综合情况 表1-3

省份	公共交通客运量							公共汽电车IC卡客运量（万人次）	公共汽电车IC卡客运量比重（%）	公交IC卡售卡量（万张）
	客运总量（万人次）	公共汽电车客运量（万人次）	公共汽电车客运量比重（%）	城市轨道交通客运量（万人次）	城市轨道交通客运量比重（%）	轮渡客运量（万人次）	轮渡客运量比重（%）			
全　国	7888481	7157901	90.7	713393	9.1	17187	0.2	2640631	36.9	19074
北　京	722552	503272	69.7	219280	30.3	—	—	433458	86.1	835.4
天　津	122363	114798	93.8	7565	6.2	—	—	39472	34.4	463.0
河　北	214817	214817	100.0	—	—	—	—	29080	13.5	171.6
山　西	132915	132915	100.0	—	—	—	—	47661	35.9	132.3
内蒙古	105317	105317	100.0	—	—	—	—	24074	22.9	98.2
辽　宁	434920	419310	96.4	15439	3.5	171	0.03	130276	31.1	986.6
吉　林	163443	158948	97.2	4495	2.8	—	—	32223	20.3	154.5
黑龙江	236112	235468	99.7	—	—	644	0.3	62905	26.7	309.6
上　海	493190	281075	57.0	210105	42.6	2010	0.4	214252	76.2	4709.0
江　苏	460904	424699	92.1	34370	7.5	1835	0.4	183129	43.1	1559.4
浙　江	337164	333956	99.0	—	—	3208	1.0	152099	45.5	1162.6
安　徽	224017	223887	99.9	—	—	130	0.1	64750	28.9	320.8
福　建	232551	230022	98.9	—	—	2529	1.1	63468	27.6	513.5
江　西	141932	141873	100.0	—	—	59	0.04	28926	20.4	98.3
山　东	400719	399928	99.8	—	—	791	0.2	117925	29.5	549.9
河　南	275260	275260	100.0	—	—	—	—	81523	29.6	536.6
湖　北	334923	325399	97.2	7731	2.3	1793	0.5	124494	38.3	501.4
湖　南	307031	306913	100.0	—	—	118	0.03	50233	16.4	400.1
广　东	897311	694983	77.5	198930	22.2	3398	0.4	332490	47.8	2868.1
广　西	157462	157334	99.9	—	—	128	0.1	23435	14.9	210.1
海　南	42028	41875	99.6	—	—	153	0.4	37	0.1	4.5
重　庆	183482	174930	95.3	8332	4.5	220	0.1	78792	45.0	460.0
四　川	367979	362451	98.5	5528	1.5	—	—	53671	14.8	784.2
贵　州	130976	130976	100.0	—	—	—	—	14684	11.2	120.6
云　南	162596	162596	100.0	—	—	—	—	63749	39.2	356.1
西　藏	8243	8243	100.0	—	—	—	—	492	6.0	0.6
陕　西	258124	256506	99.4	1618	0.6	—	—	103265	40.3	265.0
甘　肃	104520	104520	100.0	—	—	—	—	40640	38.9	280.7
青　海	46490	46490	100.0	—	—	—	—	27716	59.6	122.9
宁　夏	33296	33296	100.0	—	—	—	—	1689	5.1	13.3
新　疆	155844	155844	100.0	—	—	—	—	20023	12.8	85.1

2011年全国36个中心城市公共交通服务水平综合情况

表 1-4

城市	公共交通客运量							公共汽电车IC卡客运量（万人次）	公共汽电车IC卡客运量比重（%）	公交IC卡售卡量（万张）
	客运总量（万人次）	公共汽电车客运量（万人次）	公共汽电车客运量比重（%）	城市轨道交通客运量（万人次）	城市轨道交通客运量比重（%）	轮渡客运量（万人次）	轮渡客运量比重（%）			
北　京	722552	503272	69.7	219280	30.3	—	—	433458	86.1	835.4
天　津	122363	114798	93.8	7565	6.2	—	—	39472	34.4	463.0
石家庄	58962	58962	100.0	—	—	—	—	5206	8.8	53.3
太　原	53186	53186	100.0	—	—	—	—	36286	68.2	68.0
呼和浩特	34142	34142	100.0	—	—	—	—	17866	52.3	58.9
沈　阳	125907	118639	94.2	7268	5.8	—	—	51533	43.4	469.0
长　春	71887	67392	93.7	4495	6.3	—	—	20210	30.0	70.0
哈尔滨	113442	113044	99.6	—	—	398	0.4	46965	41.5	252.0
上　海	493190	281075	57.0	210105	42.6	2010	0.4	214252	76.2	4709.0
南　京	138870	103478	74.5	34370	24.7	1022	0.7	64745	62.6	671.1
杭　州	127055	126999	100.0	—	—	56	0.04	80543	63.4	502.2
合　肥	62461	62461	100.0	—	—	—	—	22250	35.6	168.2
福　州	67292	67263	100.0	—	—	29	0.04	13573	20.2	118.2
南　昌	59248	59248	100.0	—	—	—	—	12696	21.4	22.8
济　南	84578	84578	100.0	—	—	—	—	14376	17.0	81.9
郑　州	99191	99191	100.0	—	—	—	—	43679	44.0	351.1
武　汉	156148	147295	94.3	7737	5.0	1116	0.7	95339	64.7	330.0
长　沙	75433	75433	100.0	—	—	—	—	29216	38.7	227.1
广　州	416445	250208	60.1	164466	39.5	1771	0.4	153867	61.5	2033.0
南　宁	61031	61031	100.0	—	—	—	—	6658	10.9	98.0
海　口	26308	26253	99.8	—	—	55	0.2	37	0.1	4.4
重　庆	183370	174930	95.4	8332	4.5	108	0.1	78792	45.0	460.0
成　都	146790	141262	96.2	5528	3.8	—	—	6358	4.5	540.0
贵　阳	60947	60947	100.0	—	—	—	—	11869	19.5	99.7
昆　明	86543	86543	100.0	—	—	—	—	44424	51.3	273.5
拉　萨	6890	6890	100.0	—	—	—	—	492	7.1	0.6
西　安	175345	173727	99.1	1618	0.9	—	—	87273	50.2	165.0
兰　州	68464	68464	100.0	—	—	—	—	30854	45.1	218.3
西　宁	38572	38572	100.0	—	—	—	—	26100	67.7	115.3
银　川	19921	19921	100.0	—	—	—	—	1348	6.8	8.8
乌鲁木齐	74386	74386	100.0	—	—	—	—	9966	13.4	22.4
大　连	116687	108516	93.0	8171	7.0	—	—	42086	38.8	278.5
青　岛	90405	89614	99.1	—	—	791	0.9	40612	45.3	164.7
宁　波	44263	43943	99.3	—	—	320	0.7	32854	74.8	260.0
深　圳	241784	207320	85.7	34464	14.3	—	—	113490	54.7	360.0
厦　门	82738	80238	97.0	—	—	2500	3.0	42117	52.5	334.3

1.3　城市客运发展特点

① "公交优先发展战略"首次纳入国家规划

十一届全国人大四次会议通过的《国民经济和社会发展第十二个五年规划纲要》在构建综合交通运输体系一章中强调"优先发展公共交通"，提出："实施公共交通优先发展战略，大力发展城市公共交通系统，提高公共交通出行分担比率。科学制定城市轨道交通技术路线，规范建设标准，有序推进轻轨、地铁、有轨电车等城市轨道交通网络建设。积极发展地面快速公交系统，提高线网密度和站点覆盖率。合理引导私人机动车出行，倡导非机动方式出行。优化换乘中心功能和布局，提高出行效率。统筹城乡公共交通一体化发展。"这是国家规划首次具体明确地强调城市公共交通发展问题，表明国家对城市公共交通这一民生工程的高度重视和支持。

② 国家"公交都市"创建工作正式启动

2011 年 4 月交通运输部发布了《交通运输"十二五"发展规划》，提出"十二五"期间在全国选择 30 个城市开展国家"公交都市"建设示范工程。为推进国家"公交都市"建设示范工程建设，2011 年交通运输部发布了《关于开展国家公交都市建设示范工程有关事项的通知》（交运发〔2011〕635 号）等相关文件，明确了国家"公交都市"创建工作的重要意义、指导思想和原则、创建目标、主要工作任务和要求等内容，公布了国家"公交都市"创建活动工作方案，并提出了国家"公交都市"创建城市申报材料的具体要求。在此基础上，交通运输部于 2011 年 11 月组织开展第一批创建城市申报工作。

通过开展国家"公交都市"创建活动，将大力推进城市交通发展方式转变，加快建立以公共交通为导向的城市发展模式，保障人民群众的基本出行权利，缓解城市交通拥堵和资源环境压力，并为全国其他城市公共交通发展积累经验；充分调动地方政府的积极性，为推动公共交通优先发展战略的全面落实提供动力、创造经验，全面提升公共交通的服务质量和保障能力，促进城市发展与城市交通的良性互动，从根本上改变城市公共交通发展滞后和被动适应的局面。

③ 城乡道路客运一体化发展加快推进

2011 年 9 月交通运输部发布了《关于积极推进城乡道路客运一体化发展的意见》（交运发〔2011〕490 号），提出推进城乡道路客运一体化发展的指导思想、目标原则、主要任务和保障措施等，并明确了下一步工作要求：一是进一步明确城乡客运的属性定位；二是进一步完善法规标准体系；三是进一步加强城乡客运安全管理；四是进一步加强城乡客运服务设施建设和网络衔接；五是进一步推进城乡客运管理制度创新；六是进一步做好城乡道路客运一体化试点工作。

2011 年 9 月 16 日，交通运输部在江苏溧阳召开了统筹城乡客运协调发展现场会，对各地推进城乡客运协调发展取得的成绩和经验进行了交流，并对下一步工作进行了部署。

④ 城市客运标准化工作得到加强

2008 年我国启动"大部制"改革之后，城市客运的管理职能划归交通运输部，城市客运标准化工作也移交到交通运输部归口管理。交通运输部高度重视城市客运标准化工作，在国家标准化管理委员会大力支持下，积极推进"全国城市客运标准化技术委员会"（以下简称"城市客运标委会"）的组建工作，

2011 年 5 月，国家标准化管理委员会正式复函批准筹建全国城市客运标准化技术委员会（标委办综合函〔2011〕71 号）。在编制《城市客运标准体系表》的同时，交通运输部对急需制修订的国家标准、行业标准进行了前期研究，组织开展了《城市公共交通发展水平评价指标与考核规范》、《城市公共交通分担率调查方法》、《城市公共汽电车安全运营与服务规范》、《城市公共交通规划编制指南》等标准研究工作，并组织编写《城市轨道交通试运营基本条件》、《城市轨道交通运营管理规范》、《出租汽车运营服务规范》、《汽车租赁服务规范》、《城市快速公交系统（BRT）建设及运营管理规范》等多项国家标准。建立健全城市客运标准体系，有力地促进了城市客运行业的制度化、规范化发展。

5 城市轨道交通持续快速发展

随着经济的快速发展和各级政府对交通问题的日益重视，近年来我国城市轨道交通建设步入快速发展时期，2011 年国内一些重点城市继续加大城市轨道交通建设的投入力度，运营线路不断增加，网络结构不断完善，服务能力不断提高。截至 2011 年年底，全国共有北京、上海、天津、重庆、广州、深圳、武汉、南京、沈阳、长春、大连、成都、西安 13 个城市开通了城市轨道交通线路，运营线路共计 58 条，线路总长度 1698.7 公里，较 2010 年增加 227.4 公里，增幅达 15.5%。北京、上海、广州、深圳等特大城市已初步建成城市轨道交通网络化运营系统，城市轨道交通在城市交通系统中的骨干作用日益突出，完成客运量在城市公共交通系统中的比例迅速增长，北京、上海、广州三个城市的城市轨道交通客运量占城市公共交通总客运量的比重分别达到 30.3%、42.6%、39.5%。城市轨道交通的快速发展大大提升了城市公共交通系统的服务能力和服务水平，有力地提高了公共交通系统的吸引力和竞争力，为引导城市功能布局调整，推动城市经济发展，缓解城市交通拥堵，改善人民群众出行条件提供了重要支撑。

第二章　城市客运发展环境

2011 年是“十二五”开局之年，国民经济继续保持稳定快速发展的趋势，实现了“十二五”时期经济社会发展良好开局，经济总量继续增长、经济结构有所优化、民生继续改善、社会不断进步。经济社会的稳定发展，城镇化率的进一步提升，公共交通政策环境的持续优化，为城市客运发展提供了良好的外部条件，为进一步落实公交优先发展战略奠定了坚实的基础。

2.1　管理体制环境

各地方政府进一步深化交通行政管理体制改革，逐步建立了统一、精简、高效的管理体制，规范了城市公共交通的行业管理。继 2010 年全国 31 个省（自治区、直辖市）全部将城市公共交通管理职能划归交通运输管理部门后，截至 2011 年年底，全国地级市、自治州、盟和计划单列市中，超过 90% 的城市已经将公共交通的管理职能移交至交通运输部门负责。城市公共交通管理体制的逐步理顺，为规范城市公共交通行业管理，提高城市公共交通服务水平，推进综合运输体系建设，实现城乡客运公共服务均等化提供了基础保障。

2.2　经济社会环境

2011 年，面对复杂严峻的国内外环境，全国上下坚持以科学发展为主题、以加快转变经济发展方式为主线，全面贯彻落实加强和改善宏观调控的各项政策措施，正确处理保持经济平稳较快发展、调整经济结构、管理通胀预期的关系，努力做到调控审慎灵活、调整适时适度，不断提高政策的针对性、灵活性和前瞻性，通过加强和改善宏观调控，在复杂多变的国内外环境下，我国经济保持平稳较快发展，实现了“十二五”时期良好开局。在经济社会稳定发展的环境下，全国城镇化率达到了 51.3%，人民生活水平稳步提高，为城市客运发展提供了良好的经济发展环境。

1　经济发展影响

2011 年，全国实现国内生产总值 471564 亿元，比上年增长了 9.2%，国民经济的持续稳定增长，极大地促进了全社会人员的流动和增长。截至 2011 年年底，全国城市客运总量达到 1165.5 亿人次，比 2010 年增长了 8.5%。

从图 2-1 可以看出，随着国民经济的稳步增长，城市公共交通优先战略的逐步实施，城市居民的公共交通出行需求呈现持续增长态势，从近几年的总体发展情况看，城市客运增幅与国民经济发展的步伐基本保持一致，支撑和保障作用得到充分体现。

从图 2-2 可以看出，随着人民可支配收入的增加，城乡居民消费能力不断提高，城市活动频度日趋增加，城乡居民出行频度和出行总量持续增加，同时，人们追求高效率、高品质运输服务的要求越来越强烈。从近几年的总体发展情况看，城市客运增幅与居民人均可支配收入增幅基本保持一致，城市公共交通引导城市发展越来越得到广大城乡居民的认可和接受。

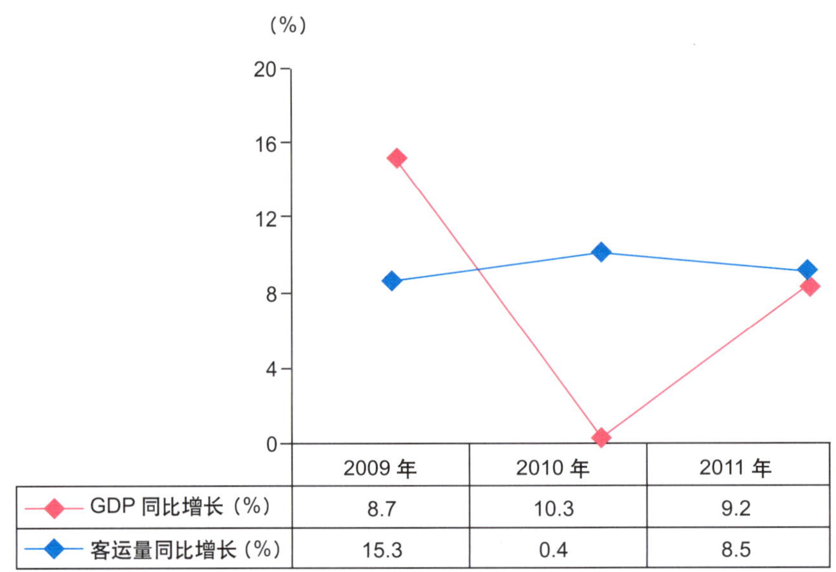

	2009 年	2010 年	2011 年
GDP 同比增长（%）	8.7	10.3	9.2
客运量同比增长（%）	15.3	0.4	8.5

图 2-1　2009 ~ 2011 年全国 GDP 与城市客运输量的年度增长速度比较

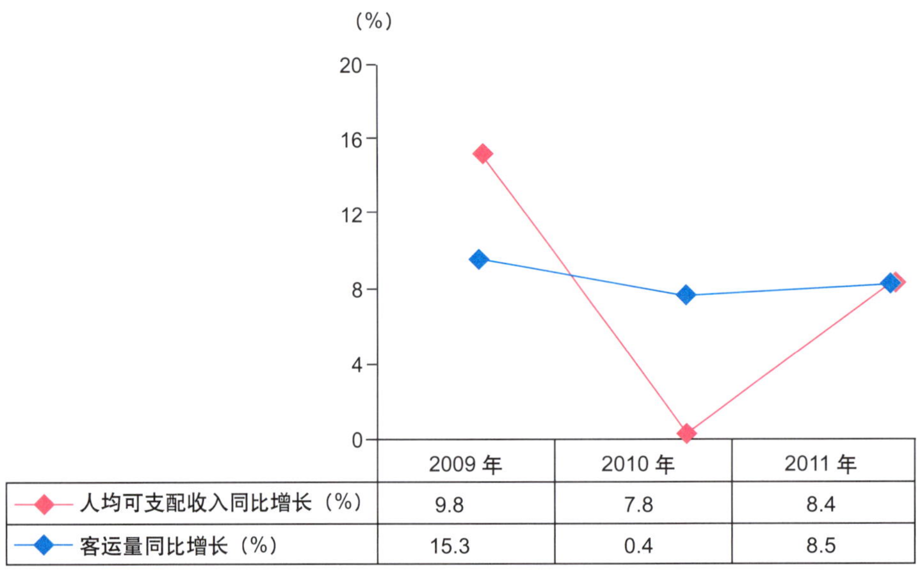

	2009 年	2010 年	2011 年
人均可支配收入同比增长（%）	9.8	7.8	8.4
客运量同比增长（%）	15.3	0.4	8.5

图 2-2　2009 ~ 2011 年城镇居民人均可支配收入与城市客运量

② 城镇化与机动化发展影响

2011 年全国城镇化率为 51.3%，全国城镇人口已达 6.9 亿，比上年末增加 2000 多万人。从图 2-3 可以看出，随着城市人口的迅速增加，城际与城乡交通体系的进一步融合，居民出行频率的增加，城市客运总量持续增加，对城市公共交通基础设施供给能力和运输服务水平提出了更高的要求，也给全国城市客运行业带来了巨大压力。

近些年来，我国机动化发展水平远超过经济增长速度和城市基础设施供给水平，给城市交通系统带来严峻考验，凸显了优先发展公共交通的重要现实意义。截至 2011 年年末我国民用汽车保有量达到 10578 万辆（包括三轮汽车和低速货车 1228 万辆），比 2010 年增长了 16.4%，其中私人汽车保有量为 7872 万辆，增长了 20.4%。与此同时，城市小汽车出行比重明显提升。

从全国城镇化和机动化发展来看，一方面，城市客运随着城镇化进程的推进而稳步推进，体现了全社会对优先发展城市公共交通的重视；另一方面，由于原有的历史欠账较多，需要加快落实公交优先发展战略步伐，尽快实现从满足需求向引领城市发展的角色转变。

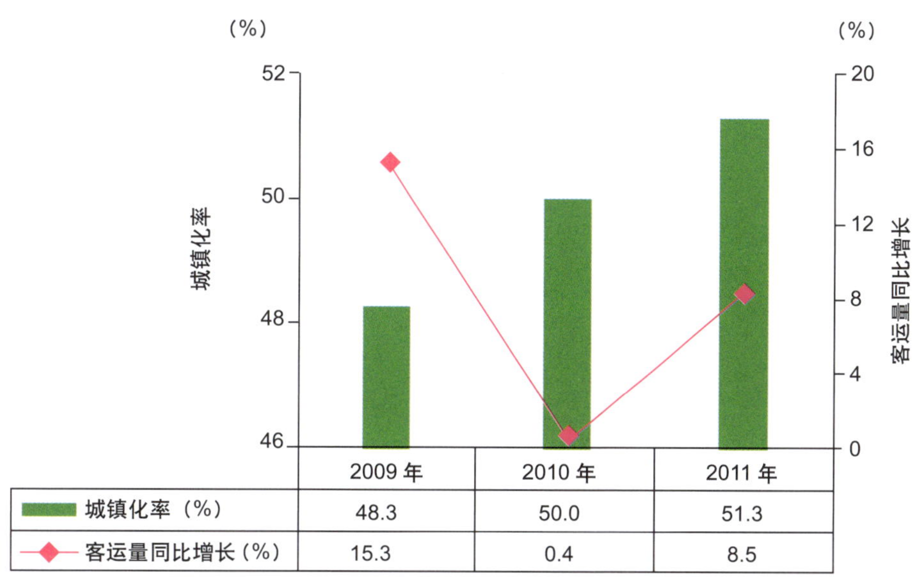

	2009 年	2010 年	2011 年
城镇化率（%）	48.3	50.0	51.3
客运量同比增长（%）	15.3	0.4	8.5

图 2-3 2009 ~ 2011 年城镇化率与城市客运量变化情况

2.3 政策法规环境

2011 年，国家出台了一系列政策法规，规范和引导城市客运行业发展，营造城市客运发展的良好政策环境。

为了进一步落实公交优先发展战略，《国民经济和社会发展第十二个五年规划纲要》第一次在国家规划层面上提出了优先发展城市公共交通战略。纲要明确了城市公共交通各种交通方式发展重点及城乡公共交通一体化统筹发展要求，即：实施公共交通优先发展战略，提高公共交通出行分担比率，有序推进轨道交通建设，积极发展地面快速公交系统，规范出租行业，统筹城乡公共交通一体化发展。

为了更好地提升城市客运服务水平，交通运输部发布的《交通运输“十二五”发展规划》明确了城市公共交通服务水平建设重点工作，即：建立多层次的公共服务网络，提高信息化服务水平；同时明确了城市公共交通和出租车行业管理的重点任务；并实施“公交都市”建设示范工程，以点带面，推进全国城市公交优先战略的切实落实。

为了推进城乡客运一体化发展，交通运输部发布了《关于积极推进城乡道路客运一体化发展的意见》，明确了城乡公共交通网络建设的基本架构和功能要求。为支持苏浙沪省际毗邻地区开展客运班线公交化运行工作，交通运输部印发了《关于对苏浙沪省际毗邻地区开展客运班线公交化运行工作意见》，明确了经营模式、安全管理等政策措施。

为了进一步规范城市客运安全运营，交通运输部印发《关于加强城市轨道交通运营管理的通知》，明确了城市轨道交通安全运营管理的重要措施和管理重点。交通运输部印发《交通运输企业安全生产标准化建设实施方案》，提出了城市公交、城市轨道交通、出租汽车等城市客运企业在内的各类交通运输企业的安全生产标准化建设目标和指导意见。

为促进交通行业节能减排，2011 年交通运输部通过了《关于公路水路交通运输行业落实国务院“十二五”节能减排综合性工作方案的实施意见》，明确了“十二五”期间城市公共交通行业节能减排领域和方向。

为了进一步规范出租车行业管理，交通运输部印发《出租汽车服务质量信誉考核办法（试行）》，明确了出租车行业规范化建设和管理的主要任务和政策措施，以规范出租汽车经营行为，建立完善出租汽车行业诚信体系，提升出租汽车服务水平。

行业篇

Hangye Pian

第三章 公共汽电车

截至2011年年底，全国公共汽电车运营企业为3325家，较2010年增加了1.5%；从业人员122.7万人，较2010年增加了1.1%；运营线路条数较2010年增长了6.6%，为35884条；运营总里程较2010年增长了4.3%，达到331.7亿公里；总客运量较2010年增长了6.8%，达到715.8亿人次。2011年全国公共汽电车与2010年的发展情况对比见表3-1。

2011年全国公共汽电车总体发展情况 表3-1

公共汽电车	公共汽电车场站面积（万平方米）	公交专用道（公里）	运营线路条数（条）	线路总长度（万公里）	车辆数（万标台）	运营企业数（个）	从业人数（万人）	运营里程（亿公里）	客运量（亿人次）
2011年全国总数	5231.3	4425.6	35884	67.3	50	3325	122.7	331.7	715.8
同比增长（%）	16.4	18.8	6.6	6.2	9.1	1.5	1.1	4.3	6.8

3.1 基础设施

① 场站设施

截至2011年年底，全国公共汽电车场站面积为5231.3万平方米，其中保养场面积856.3万平方米，停车场面积4375.0万平方米。全国31个省（自治区、直辖市）公共汽电车场站面积排在前5位的依次为江苏、广东、山东、浙江、北京。2011年全国公共汽电车场站面积情况见图3-1、表3-2。

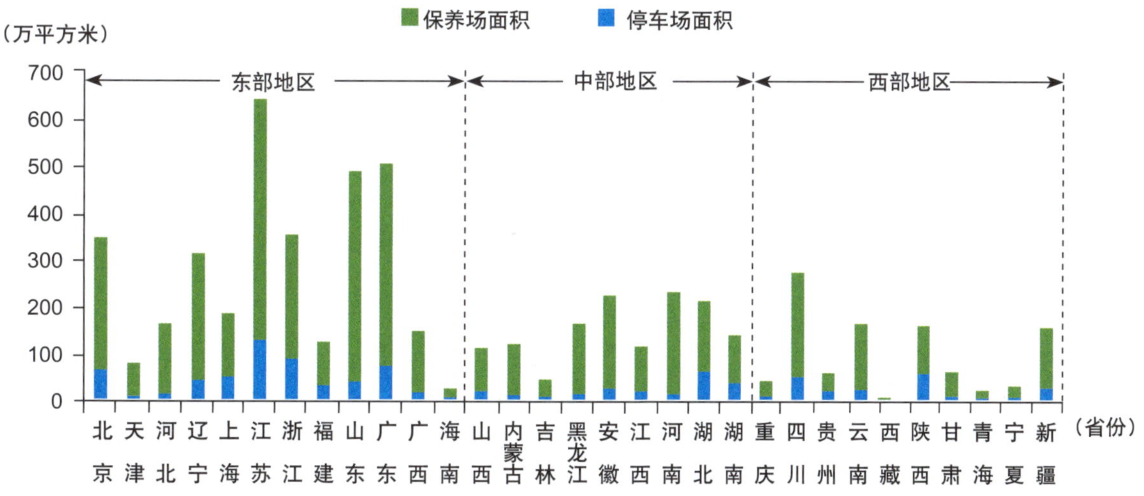

图3-1 2011年全国公共汽电车场站面积情况

注：公共汽电车场站面积包括保养场面积和停车场面积。

2011 年全国公共汽电车场站面积情况 表 3-2

东部地区	场站面积（万平方米）	车均场站面积（平方米/标台）	中部地区	场站面积（万平方米）	车均场站面积（平方米/标台）	西部地区	场站面积（万平方米）	车均场站面积（平方米/标台）
全国合计	5231.3	104.7	山　西	101.8	110.6	重　庆	36.0	41.9
北　京	316.9	99.5	内蒙古	111.1	143.0	四　川	250.9	102.7
天　津	72.1	84.1	吉　林	39.3	36.9	贵　州	52.0	93.6
河　北	149.2	79.5	黑龙江	150.1	91.2	云　南	149.6	136.0
辽　宁	288.5	119.7	安　徽	205.0	142.3	西　藏	4.1	76.5
上　海	169.3	82.9	江　西	105.7	105.6	陕　西	145.5	110.6
江　苏	596.9	167.1	河　南	211.4	101.8	甘　肃	56.5	90.8
浙　江	323.5	118.5	湖　北	193.3	92.5	青　海	17.6	55.7
福　建	112.1	84.4	湖　南	127.8	77.7	宁　夏	28.7	93.6
山　东	451.1	118.1				新　疆	143.0	137.5
广　东	464.0	82.2						
广　西	136.2	138.4						
海　南	21.6	83.5						

2011 年，全国公共汽电车车均场站面积为 104.7 平方米 / 标台，约为行业标准《城市道路公共交通站、场、厂工程设计规范》（CJJ/T 15—2011）推荐面积（200 平方米 / 标台）的 52.3%。车均场站面积超过全国平均水平的有 12 个省（自治区、直辖市），从高到低依次为江苏、内蒙古、安徽、广西、新疆、云南、辽宁、浙江、山东、陕西、山西、江西，见图 3-2 和表 3-2。2011 年 36 个中心城市公共汽电车场站面积占全国场站面积总量的 45.5%，有 13 个城市的车均场站面积超过全国平均水平，从高到低分别是呼和浩特、昆明、济南、合肥、哈尔滨、郑州、杭州、大连、乌鲁木齐、宁波、太原、西安、成都。其中呼和浩特、昆明和济南公共汽电车场站的平均面积分别为 331.6 平方米 / 标台、314.5 平方米 / 标台和 204.9 平方米 / 标台，超过行业标准推荐值（200 平方米 / 标台）。2011 年全国 36 个中心城市公共汽电车车均场站面积情况见图 3-3、表 3-3。

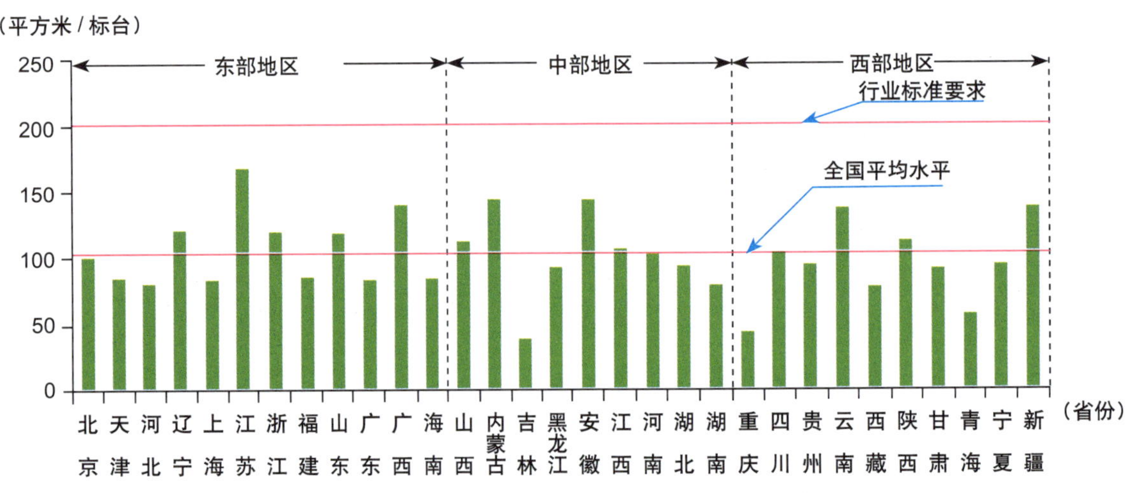

图 3-2　2011 年全国公共汽电车车均场站面积情况

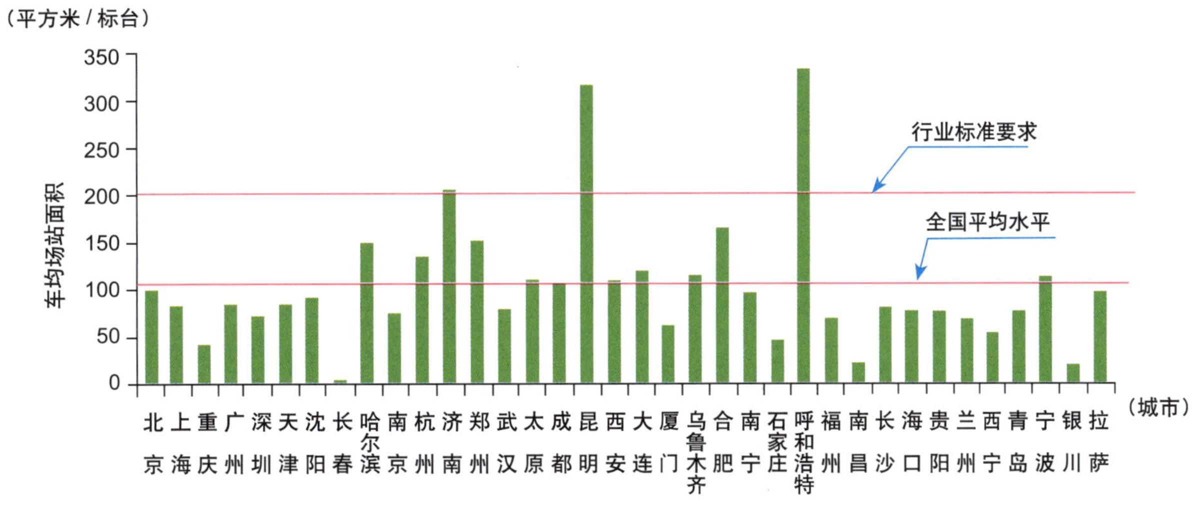

图 3-3　2011 年全国 36 个中心城市车均场站面积情况

注：由于数据缺失，36 个中心城市中石家庄、太原、郑州和拉萨公共汽电车车均场站面积不包括保养场面积，银川公共汽电车车均场站面积不包括停车场面积。

2011 年全国 36 个中心城市公交车场站面积情况　　表 3-3

市区人口规模（万人）	城市	保养场面积（万平方米）	停车场面积（万平方米）	场站面积合计（万平方米）	车均场站面积（平方米 / 标台）	市区人口规模（万人）	城市	保养场面积（万平方米）	停车场面积（万平方米）	场站面积合计（万平方米）	车均场站面积（平方米 / 标台）
>1000	北　京	57.2	259.7	316.9	99.5	300~1000	大　连	6.6	68.7	75.3	119.4
	上　海	42.8	126.5	169.3	82.9		厦　门	6.7	21.4	28.1	61.8
	重　庆	6.9	29.1	36.0	41.9		乌鲁木齐	2.4	51.7	54.1	114.5
	广　州	20.1	99.8	119.9	83.4		合　肥	4.7	55.6	60.3	164.0
	深　圳	12.3	117.6	129.9	72.5		南　宁	2.6	29.2	31.8	95.5
300~1000	天　津	5.8	66.3	72.1	84.1	100~300	石家庄	—	21.5	21.5	45.3
	沈　阳	10.3	50.3	60.6	91.9		呼和浩特	4.7	53.2	57.9	331.6
	长　春	1.0	1.6	2.6	5.3		福　州	2.4	23.1	25.5	69.7
	哈尔滨	6.9	92.6	99.5	149.4		南　昌	4.3	4.7	9.0	21.9
	南　京	14.8	42.7	57.5	74.5		长　沙	11.3	26.3	37.6	80.7
	杭　州	61.9	60.7	122.6	134.4		海　口	2.8	8.8	11.6	77.4
	济　南	5.3	99.6	104.9	204.9		贵　阳	9.9	12.0	21.9	76.4
	郑　州	—	96.3	96.3	151.4		兰　州	1.8	18.8	20.6	67.8
	武　汉	39.2	40.4	79.6	79.4		西　宁	0.9	9.6	10.5	53.2
	太　原	—	31.0	31.0	110.4		青　岛	1.6	53.3	54.9	77.5
	成　都	8.0	109.2	117.2	106.9		宁　波	5.4	44.4	49.8	113.3
	昆　明	10.8	79.4	90.2	314.5		银　川	2.8	—	2.8	20.0
	西　安	41.9	54.7	96.6	109.2	<100	拉　萨	—	4.0	4.0	97.8

注：由于数据缺失，36 个中心城市中石家庄、太原、郑州和拉萨公共汽电车车均场站面积不包括保养场面积，银川公共汽电车车均场站面积不包括停车场面积。

② 公交专用车道

截至2011年年底，除海南、重庆、西藏、甘肃和青海外，全国其他26个省（自治区、直辖市）均已开通公交专用车道，公交专用车道总长度为4425.6公里，同比增长18.8%。公交专用车道长度排在前5位的省（自治区、直辖市）依次为广东、江苏、山东、北京、四川。2011年全国公交专用车道长度情况见图3-4、表3-4。

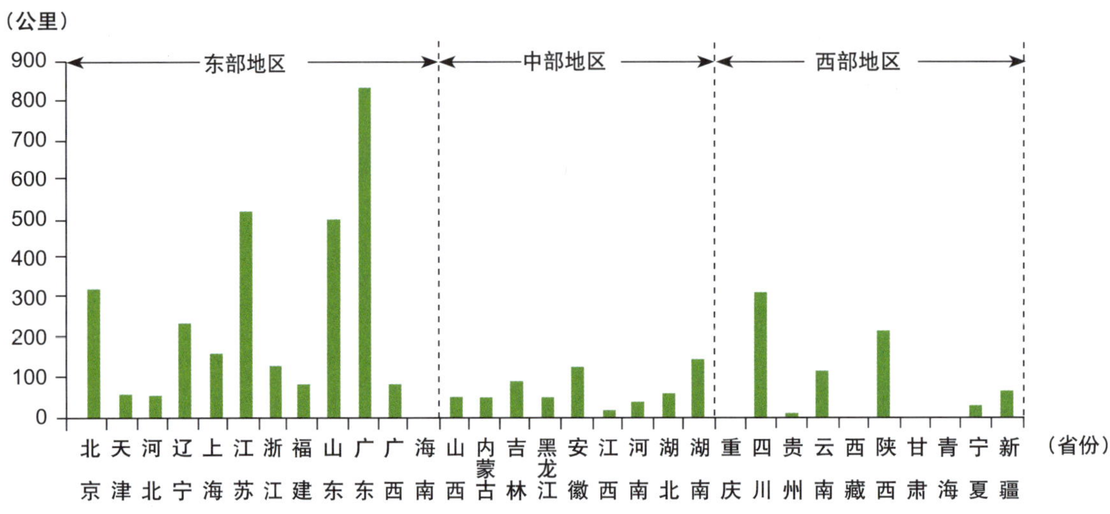

图3-4 2011年全国公交专用车道长度情况

2011年全国公交专用车道情况 表3-4

东部地区	长度（公里）	同比增长（%）	中部地区	长度（公里）	同比增长（%）	西部地区	长度（公里）	同比增长（%）
北京	324.5	10.4	山西	52.0	19.0	重庆	—	—
天津	65.0	0.0	内蒙古	51.2	12.3	四川	314.0	22.1
河北	56.8	39.9	吉林	93.0	16.5	贵州	13.4	3.1
辽宁	242.3	23.9	黑龙江	51.7	–37.7	云南	118.7	23.1
上海	161.8	0.0	安徽	128.5	30.3	西藏	—	—
江苏	519.7	31.7	江西	21.4	62.1	陕西	219.7	185.0
浙江	136.6	5.6	河南	40.0	–69.0	甘肃	—	—
福建	86.5	1.5	湖北	61.1	7.6	青海	—	—
山东	501.1	17.7	湖南	148.9	68.6	宁夏	32.0	0.0
广东	829.6	79.1				新疆	66.4	–73.6
广西	89.7	1.6						
海南	—	—						

截至 2011 年年底，全国 36 个中心城市中已有 32 个城市开通公交专用车道，累计长度为 3067.2 公里，占全国公交专用车道总长度的 69.3%。2011 年全国 36 个中心城市公交专用车道长度情况见图 3-5、表 3-5。

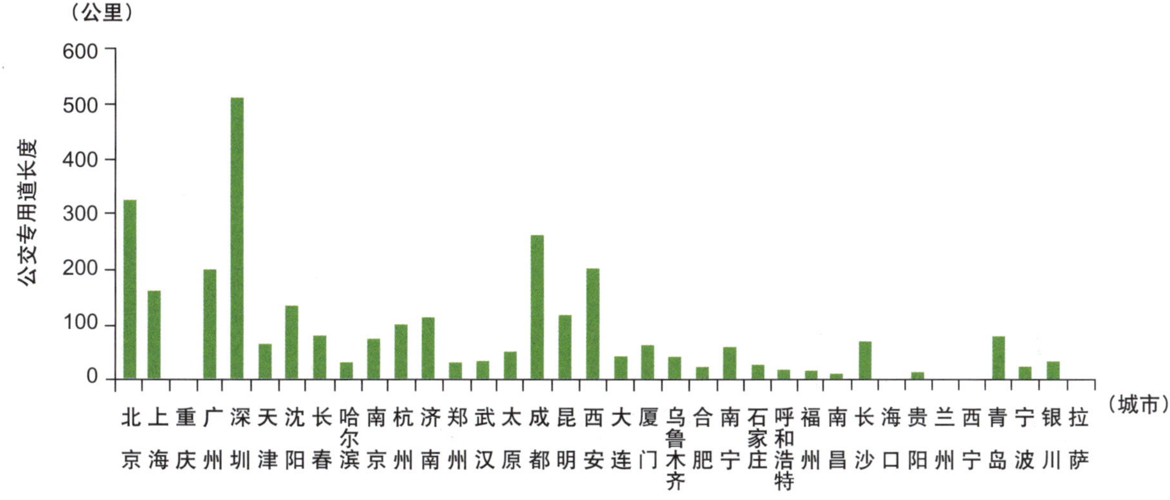

图 3-5　2011 全国 36 个中心城市公交专用车道长度情况

2011 年全国 36 个中心城市公交专用车道长度情况　　表 3-5

市区人口规模（万人）	城市	长度（公里）	同比增长（%）	市区人口规模（万人）	城市	长度（公里）	同比增长（%）	市区人口规模（万人）	城市	长度（公里）	同比增长（%）
>1000	北　京	324.5	10.4	300~1000	郑　州	30.0	0.0	100~300	呼和浩特	17.0	0.0
	上　海	161.8	0.0		武　汉	32.9	0.0		福　州	16.0	0.0
	重　庆	—	—		太　原	49.0	12.1		南　昌	11.9	—
	广　州	200.0	55.6		成　都	263.0	14.2		长　沙	129.6	87.8
	深　圳	512.0	179.8		昆　明	117.8	23.4		海　口	—	—
300~1000	天　津	65.0	0.0		西　安	202.0	207.9		贵　阳	13.4	3.1
	沈　阳	133.6	34.7		大　连	43.0	0.0		兰　州	—	—
	长　春	80.0	19.8		厦　门	63.2	0.0		西　宁	—	—
	哈尔滨	30.7	155.8		乌鲁木齐	41.4	97.1		青　岛	79.0	36.2
	南　京	73.0	15.9		合　肥	22.4	9.8		宁　波	23.3	1.7
	杭　州	100.0	8.7		南　宁	60.0	0.0		银　川	32.0	0.0
	济　南	112.9	–0.1	100~300	石家庄	26.8	–10.1	<100	拉　萨	—	—

3.2　运营线路

截至 2011 年年底，全国共有公共汽电车运营线路 35884 条，全国城区人口万人拥有公共汽电车运营线路0.9条，其中16个省（自治区、直辖市）万人拥有公交线路条数超过全国平均水平，排在前5位的依次为青海、云南、新疆、浙江、宁夏。2011年全国城区人口万人拥有公共汽电车运营线路条数情况见图3-6、表3-6。

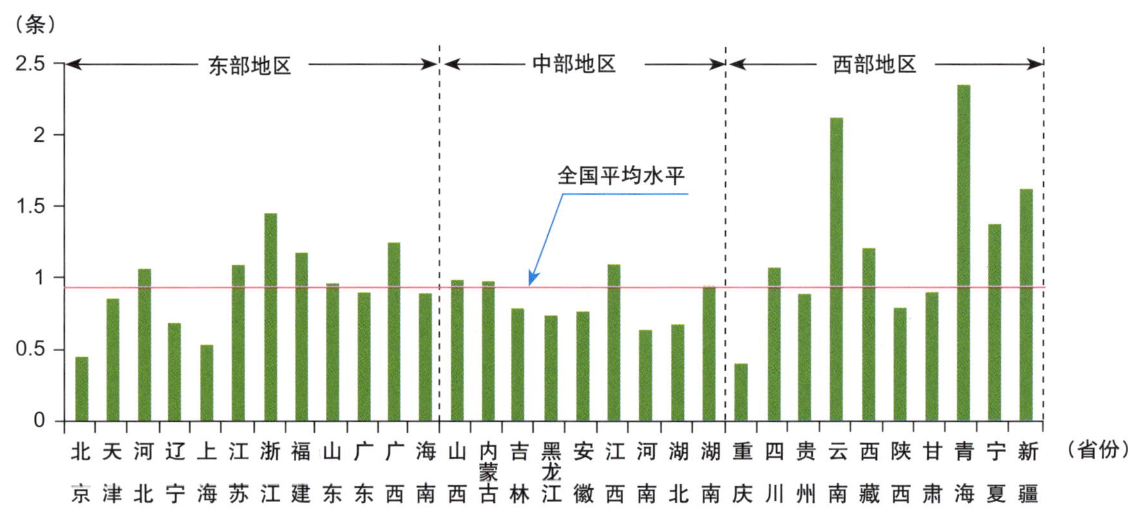

图3-6　2011年全国城区人口万人拥有公共汽电车运营线路条数情况

2011年全国城市公共汽电车运营线路条数情况　　表3-6

东部地区	运营线路（条）	万人拥有公交线路（条）	中部地区	运营线路（条）	万人拥有公交线路（条）	西部地区	运营线路（条）	万人拥有公交线路（条）
北　京	749	0.4	山　西	942	1.0	重　庆	422	0.4
天　津	523	0.9	内蒙古	806	1.0	四　川	1694	1.1
河　北	1621	1.1	吉　林	841	0.8	贵　州	477	0.9
辽　宁	1439	0.7	黑龙江	991	0.7	云　南	1548	2.1
上　海	1202	0.5	安　徽	947	0.8	西　藏	54	1.2
江　苏	2744	1.1	江　西	897	1.1	陕　西	618	0.8
浙　江	2629	1.4	河　南	1343	0.6	甘　肃	482	0.9
福　建	1171	1.2	湖　北	1173	0.7	青　海	278	2.3
山　东	2599	1.0	湖　南	1161	0.9	宁　夏	307	1.4
广　东	3952	0.9				新　疆	1019	1.6
广　西	1052	1.2						
海　南	203	0.9						

2011年全国36个中心城市中有4个城市的城区人口万人拥有公共汽电车运营线路条数水平超过全国平均值，分别为宁波、杭州、昆明、厦门。其中宁波市和杭州市万人拥有公共汽电车线路条数分别为2.1条和1.8条，见图3-7。

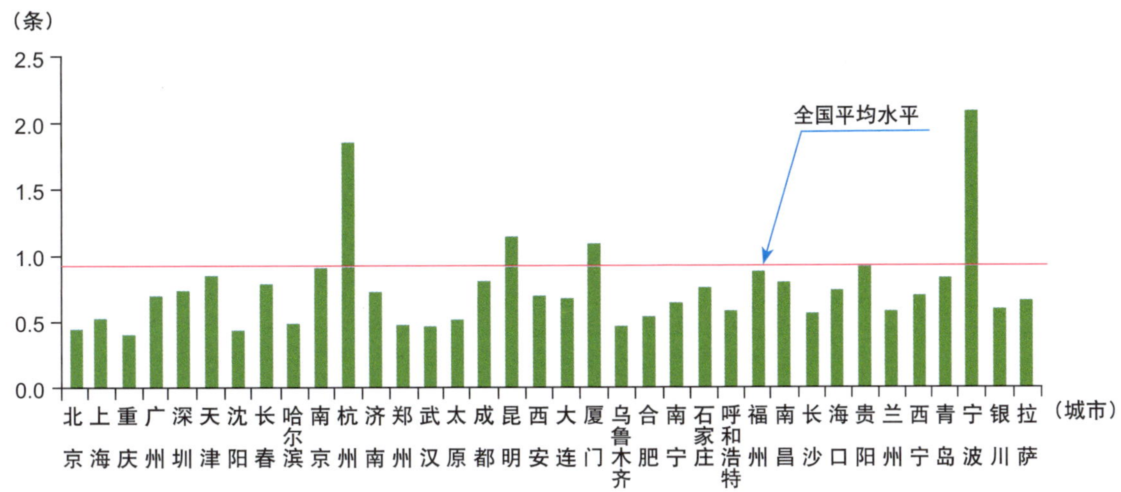

图 3-7　2011 年全国 36 个中心城市万人拥有公共汽电车线路条数情况

截至 2011 年年底，全国公共汽电车运营线路总长度达 67.3 万公里，平均每条线路长度为 18.6 公里。广东省公交线路总长度达到 8.2 万公里，位于各省份之首；海南省单条公交线路平均长度为 26.1 公里，位于各省份之首。2011 年我国公共汽电车运营线路长度及单条线路平均长度情况见表 3-7。

2011 年全国公共汽电车运营线路长度及单条线路平均长度情况　　表 3-7

东部地区	线路总长度（公里）	单条线路平均长度（公里）	中部地区	线路总长度（公里）	单条线路平均长度（公里）	西部地区	线路总长度（公里）	单条线路平均长度（公里）
北　京	19460	26.0	山　西	17999	19.1	重　庆	8880	21.0
天　津	12606	24.1	内蒙古	19126	23.7	四　川	24595	14.5
河　北	26294	16.2	吉　林	11464	13.6	贵　州	6212	13.0
辽　宁	23089	16.0	黑龙江	17094	17.2	云　南	39924	25.8
上　海	22906	19.1	安　徽	14224	15.0	西　藏	970	18.0
江　苏	50971	18.6	江　西	16428	18.3	陕　西	11402	18.4
浙　江	46905	17.8	河　南	23167	17.3	甘　肃	7278	15.1
福　建	18739	16.0	湖　北	19970	17.0	青　海	5543	19.9
山　东	58777	22.6	湖　南	20434	17.6	宁　夏	6318	20.6
广　东	82228	20.8				新　疆	17984	17.6
广　西	16658	15.8						
海　南	5302	26.1						

2011 年，全国 36 个中心城市的公共汽电车运营线路条数为 10924 条，总长度为 21.5 万公里，单条线路平均长度为 19.7 公里，大于全国平均值。2011 年全国 36 个中心城市公共汽电车运营线路情况见表 3-8。

2011 年全国 36 个中心城市公共汽电车运营线路情况 表 3-8

市区人口规模（万人）	城市	线路条数（条）	线路总长度（公里）	单条线路平均长度（公里）	市区人口规模（万人）	城市	线路条数（条）	线路总长度（公里）	单条线路平均长度（公里）
>1000	北京	749	19460	26.0	300~1000	大连	195	3197	16.4
	上海	1202	22906	19.1		厦门	300	5076	16.9
	重庆	422	8880	21.0		乌鲁木齐	130	2154	16.6
	广州	868	13767	15.9		合肥	131	1970	15.0
	深圳	825	17596	21.3		南宁	140	2304	16.5
300~1000	天津	523	12606	24.1	100~300	石家庄	184	2833	15.4
	沈阳	205	3741	18.2		呼和浩特	91	1581	17.4
	长春	242	4409	18.2		福州	178	2821	15.8
	哈尔滨	200	3861	19.3		南昌	168	3836	22.8
	南京	447	7242	16.2		长沙	139	3195	23.0
	杭州	611	11106	18.2		海口	81	3095	38.2
	济南	203	3839	18.9		贵阳	197	2831	14.4
	郑州	238	3721	15.6		兰州	112	1227	11.0
	武汉	298	5919	19.9		西宁	69	1196	17.3
	太原	155	2502	16.1		青岛	227	4536	20.0
	成都	347	6309	18.2		宁波	341	7168	21.0
	昆明	380	10568	27.8		银川	63	1173	18.6
	西安	238	5584	23.5	<100	拉萨	25	500	20.0

2011 年全国城区人口平均每万人拥有公共汽电车线路长度为 17.1 公里，超过全国平均水平的有 17 个省（自治区、直辖市），排在前 5 位的为云南、青海、新疆、宁夏、浙江，见图 3-8、表 3-9。

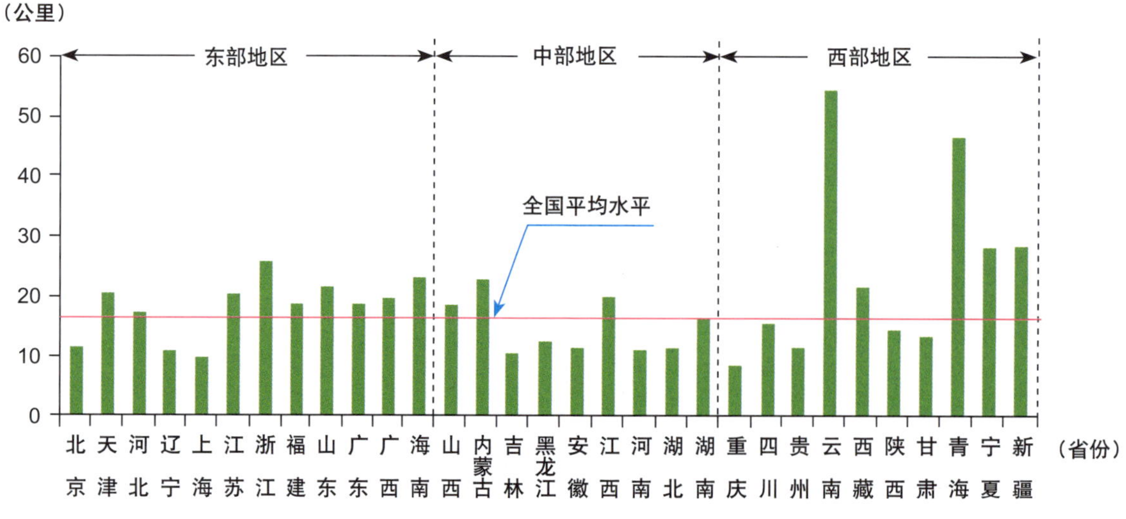

图 3-8 2011 年全国城区人口万人拥有公交线路长度情况

2011 年全国城区人口万人拥有公交线路长度情况表

表 3-9

东部地区	线路总长度（公里）	万人拥有公交线路长度（公里）	中部地区	线路总长度（公里）	万人拥有公交线路长度（公里）	西部地区	线路总长度（公里）	万人拥有公交线路长度（公里）
北　京	19460	11.5	山　西	17999	18.6	重　庆	8880	8.4
天　津	12606	20.5	内蒙古	19126	22.8	四　川	24595	15.5
河　北	26294	17.1	吉　林	11464	10.7	贵　州	6212	11.5
辽　宁	23089	10.9	黑龙江	17094	12.6	云　南	39924	54.5
上　海	22906	10.0	安　徽	14224	11.4	西　藏	970	21.6
江　苏	50971	20.2	江　西	16428	20.0	陕　西	11402	14.5
浙　江	46905	25.8	河　南	23167	10.9	甘　肃	7278	13.5
福　建	18739	18.8	湖　北	19970	11.4	青　海	5543	46.6
山　东	58777	21.6	湖　南	20434	16.6	宁　夏	6318	28.2
广　东	82228	18.7				新　疆	17984	28.5
广　西	16658	19.7						
海　南	5302	23.2						

2011 年全国 36 个中心城市中有 7 个城市城区人口万人拥有的公交线路长度高于全国平均值，从高到低依次是宁波、杭州、昆明、海口、天津、厦门、南昌，见图 3-9、表 3-10。

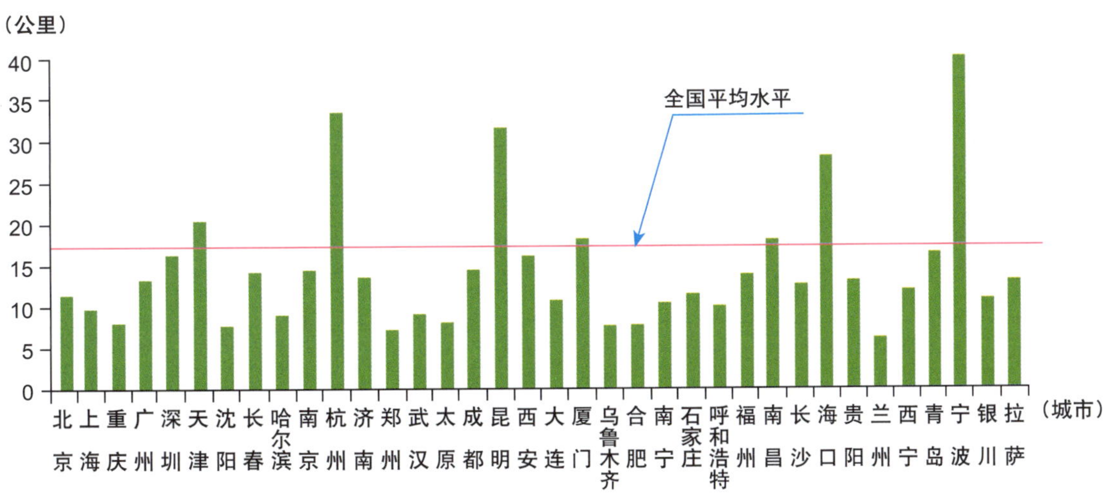

图 3-9　2011 年全国 36 个中心城市城区人口万人拥有公交线路长度情况

2011 年全国 36 个中心城市城区人口万人拥有公交线路长度情况 表 3-10

市区人口规模（万人）	城 市	线路总长度（公里）	万人拥有长度（公里）	市区人口规模（万人）	城 市	线路长度（公里）	万人拥有长度（公里）
>1000	北 京	19460	11.5	300~1000	大 连	3197	10.9
	上 海	22906	10.0		厦 门	5076	18.3
	重 庆	8880	8.4		乌鲁木齐	2154	7.7
	广 州	13767	13.3		合 肥	1970	8.0
	深 圳	17596	16.4		南 宁	2304	10.5
300~1000	天 津	12606	20.5	100~300	石家庄	2833	11.6
	沈 阳	3741	7.8		呼和浩特	1581	10.0
	长 春	4409	14.2		福 州	2821	13.7
	哈尔滨	3861	9.3		南 昌	3836	18.1
	南 京	7242	14.6		长 沙	3195	12.6
	杭 州	11106	33.5		海 口	3095	28.0
	济 南	3839	13.6		贵 阳	2831	13.0
	郑 州	3721	7.4		兰 州	1227	6.2
	武 汉	5919	9.3		西 宁	1196	11.9
	太 原	2502	8.3		青 岛	4536	16.4
	成 都	6309	14.5		宁 波	7168	43.6
	昆 明	10568	31.6		银 川	1173	10.8
	西 安	5584	16.3	<100	拉 萨	500	13.1

截至 2011 年年底，全国 BRT 运营线路长度达到 988 公里，占全国公共汽电车运营线路总里程的 0.15%，较 2010 年增长了 474 公里，增长率为 92.2%。2011 年全国 BRT 城市运营线路情况见表 3-11。

2011 年全国 BRT 城市运营线路情况 表 3-11

城 市	线路长度（公里）	同比增长（%）	城 市	线路长度（公里）	同比增长（%）
北 京	55	0	重 庆	30	130.8
杭 州	101	40.3	乌鲁木齐	42	—
合 肥	22	10.0	大 连	14	0
济 南	75	0	厦 门	92	7.0
常 州	224	397.8	盐 城	32	113.3
枣 庄	72	105.7	广 州	23	0
郑 州	206	586.7			

3.3 运营车辆

截至2011年年底，全国公共汽电车车辆总数为45.3万辆（折合50.0万标台），其中2011年新增公共汽电车运营车数为4.1万辆，报废更新公共汽电车运营车数为2.8万辆。2011年我国公共汽电车运营车辆数东部地区共有28.7万标台，占全国总量的57.4%；中部地区共有12.7万标台，占全国总量的25.4%；西部地区共有8.6万标台，占全国总量的17.2%。2011年全国各省（自治区、直辖市）拥有城市公共汽电车车辆数情况见表3-12。

2011年全国公共汽电车运营车辆数情况　　表3-12

省份		公共汽电车数（辆）	标准运营车数（标台）	省份		公共汽电车数（辆）	标准运营车数（标台）
全国		453266	499894	中部地区	黑龙江	15883	16463
东部地区	北京	21628	31837		安徽	13614	14397
	天津	7628	8570		江西	9144	10009
	河北	19486	18765		河南	20419	20860
	辽宁	21025	24096		湖北	18089	20904
	上海	16589	20434		湖南	15544	16450
	江苏	30867	35715	西部地区	重庆	7822	8600
	浙江	24750	27291		四川	21292	24435
	福建	12514	13289		贵州	5364	5555
	山东	35298	38202		云南	11384	11000
	广东	50587	56436		西藏	478	536
	广西	9429	9840		陕西	11735	13153
	海南	2549	2586		甘肃	6103	6224
中部	山西	8898	9207		青海	3281	3162
	内蒙古	8204	7767		宁夏	3024	3065
	吉林	10951	10648		新疆	9687	10398

注：西藏部分公共汽电车改为不收费车辆，不计入运营车辆数统计，因此较2010年车辆数减少。

截至2011年年底，全国城区人口公共汽电车保有率为12.7标台/万人，有14个省（自治区、直辖市）超过全国平均水平，从高到低依次是青海、北京、陕西、新疆、四川、云南、浙江、江苏、山东、天津、宁夏、湖南、福建、广东，见图3-10、表3-13。

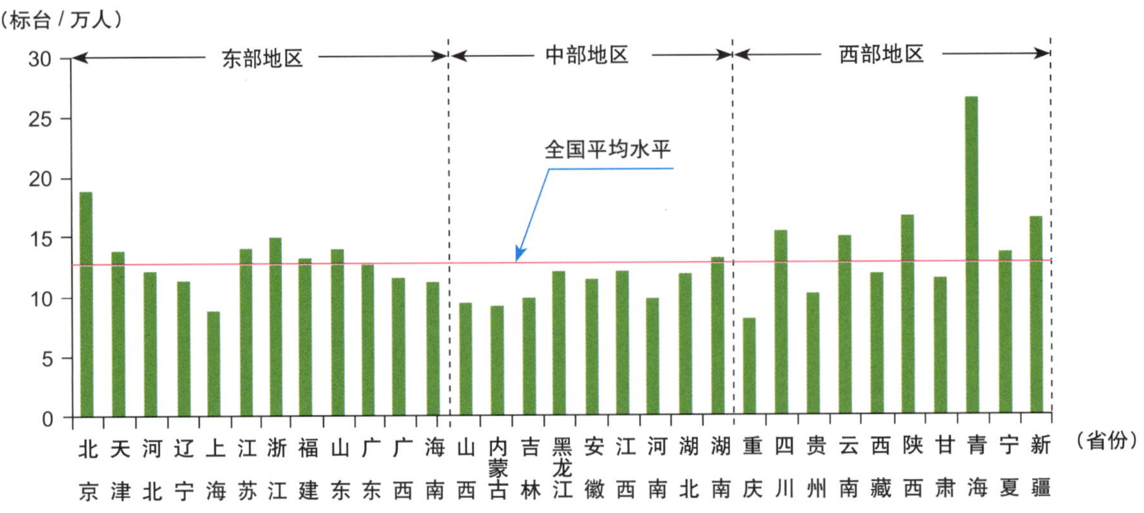

图 3-10　2011 年全国城区人口公共汽电车保有率情况

2011 年全国城区人口公共汽电车保有率情况　　表 3-13

东部地区	保有率（标台 / 万人）	中部地区	保有率（标台 / 万人）	西部地区	保有率（标台 / 万人）
北　京	18.9	山　西	9.5	重　庆	8.1
天　津	13.9	内蒙古	9.3	四　川	15.4
河　北	12.2	吉　林	10.0	贵　州	10.3
辽　宁	11.4	黑龙江	12.1	云　南	15.0
上　海	8.9	安　徽	11.6	西　藏	11.9
江　苏	14.1	江　西	12.2	陕　西	16.7
浙　江	15.0	河　南	9.8	甘　肃	11.5
福　建	13.3	湖　北	12.0	青　海	26.6
山　东	14.0	湖　南	13.3	宁　夏	13.7
广　东	12.8			新　疆	16.5
广　西	11.6				
海　南	11.3				

2011 年全国 36 个中心城市中城区人口公共汽电车保有率超过全国平均水平的有 31 个城市，排在前五位的是杭州、宁波、西安、青岛、成都，见图 3-11 和表 3-14。

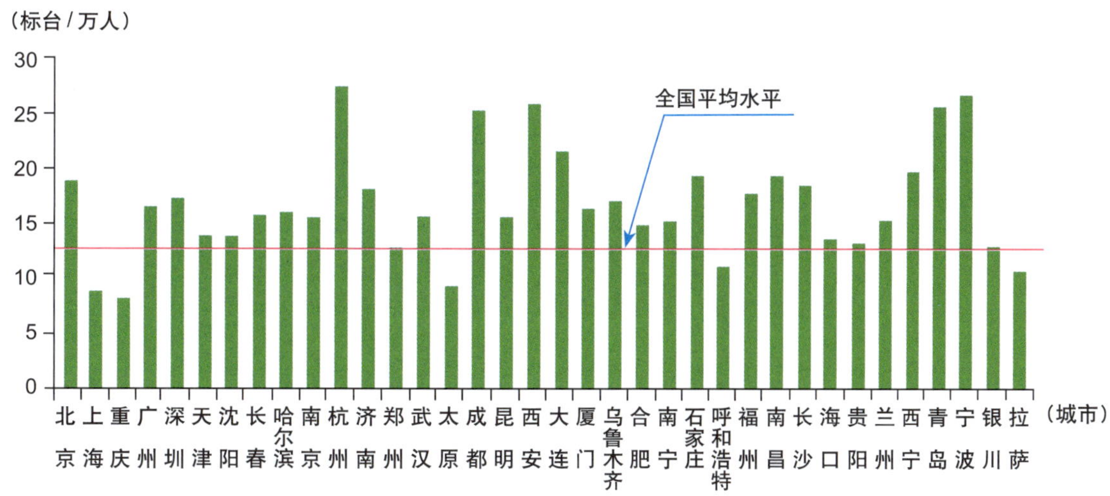

图 3-11 2011 年全国 36 个中心城市城区人口公共汽电车保有率情况

2011 年全国 36 个中心城市城区人口公共汽电车保有率情况 表 3-14

市区人口规模（万人）	城市	运营车辆标台数（标台）	保有率（标台/万人）	市区人口规模（万人）	城市	运营车辆标台数（标台）	保有率（标台/万人）
>1000	北京	31837	18.9	300~1000	大连	6307	21.6
	上海	20434	8.9		厦门	4550	16.4
	重庆	8600	8.1		乌鲁木齐	4724	16.9
	广州	14371	16.5		合肥	3677	14.9
	深圳	17924	17.3		南宁	3331	15.2
300~1000	天津	8570	13.9	100~300	石家庄	4748	19.4
	沈阳	6594	13.8		呼和浩特	1746	11.1
	长春	4897	15.8		福州	3656	17.8
	哈尔滨	6662	16.0		南昌	4117	19.4
	南京	7723	15.6		长沙	4658	18.4
	杭州	9122	27.5		海口	1498	13.5
	济南	5120	18.2		贵阳	2868	13.2
	郑州	6359	12.7		兰州	3037	15.3
	武汉	10029	15.7		西宁	1975	19.7
	太原	2808	9.3		青岛	7085	25.6
	成都	10963	25.3		宁波	4395	26.7
	昆明	5189	15.5		银川	1398	12.9
	西安	8850	25.8	<100	拉萨	409	10.7

截至 2011 年年底，全国 BRT 运营车辆为 3265 辆，较 2010 年增长了 322 辆，增长率为 10.9%。2011 年全国城市 BRT 运营车辆情况见表 3-15。

2011 年全国城市 BRT 运营车辆情况 表 3-15

城　市	运营车辆（辆）	同比增长（%）	城　市	运营车辆（辆）	同比增长（%）
北　京	275	–6.5	重　庆	37	0
杭　州	160	23.1	乌鲁木齐	272	—
合　肥	196	0.5	大　连	64	0
济　南	167	0	厦　门	170	13.3
常　州	368	19.9	枣　庄	70	40
盐　城	120	140	广　州	989	–10.3
郑　州	377	7.7			

1 车载设备

截至 2011 年年底，全国已安装车载卫星定位终端（GPS）的公共汽电车运营车辆为 23.0 万辆，占全部运营车辆的 50.8%。安装率排在前 5 位的省（自治区、直辖市）依次为重庆、上海、江苏、浙江、广东，见表 3-16。

2011 年全国安装车载卫星定位终端的公共汽电车数量情况 表 3-16

东部地区	GPS 车辆（辆）	GPS 安装率（%）	中部地区	GPS 车辆（辆）	GPS 安装率（%）	西部地区	GPS 车辆（辆）	GPS 安装率（%）
北　京	8221	38.0	山　西	2416	27.2	重　庆	7756	99.2
天　津	2524	33.1	内蒙古	2148	26.2	四　川	11813	55.5
河　北	8625	44.3	吉　林	1185	10.8	贵　州	2820	52.6
辽　宁	6414	30.5	黑龙江	4719	29.7	云　南	4687	41.2
上　海	15390	92.8	安　徽	5687	41.8	西　藏	332	69.5
江　苏	23168	75.1	江　西	3239	35.4	陕　西	1514	12.9
浙　江	17687	71.5	河　南	7628	37.4	甘　肃	1165	19.1
福　建	7756	62.0	湖　北	5882	32.5	青　海	2007	61.2
山　东	20699	58.6	湖　南	5901	38.0	宁　夏	1269	42.0
广　东	35484	70.1				新　疆	5762	59.5
广　西	5618	59.6						
海　南	814	31.9						

截至 2011 年年底，全国安装空调的公交车总数为 19.8 万辆，占全部运营车辆的 43.6%，排在前 5 位的省（自治区、直辖市）依次为上海、海南、广东、福建、浙江。2011 年全国各省（自治区、直辖市）安装空调的公共汽电车数量情况见表 3-17。

2011 年全国安装空调的公共汽电车数量情况　表 3-17

东部地区	空调车（辆）	空调车比重（%）	中部地区	空调车（辆）	空调车比重（%）	西部地区	空调车（辆）	空调车比重（%）
北　京	13501	62.4	山　西	733	8.2	重　庆	4619	59.1
天　津	4061	53.2	内蒙古	902	11.0	四　川	9789	46.0
河　北	4283	22.0	吉　林	610	5.6	贵　州	662	12.3
辽　宁	2145	10.2	黑龙江	1402	8.8	云　南	594	5.2
上　海	16350	98.6	安　徽	2912	21.4	西　藏	—	—
江　苏	20180	65.4	江　西	2289	25.0	陕　西	1369	11.7
浙　江	22952	92.7	河　南	3701	18.1	甘　肃	114	1.9
福　建	11750	93.9	湖　北	8881	49.1	青　海	154	4.7
山　东	5220	14.8	湖　南	6082	39.1	宁　夏	357	11.8
广　东	47708	94.3				新　疆	637	6.6
广　西	1085	11.5						
海　南	2465	96.7						

2011 年全国 36 个中心城市公共汽电车的 GPS 安装率和空调车比例情况见表 3-18，可以看出中心城市公交车 GPS 安装率和空调车比例整体高于全国平均水平。

2011 年 36 个中心城市公共汽电车的 GPS 安装率和空调车比例情况　表 3-18

市区人口规模（万人）	城　市	公共汽电车数（辆）	GPS 车辆数（辆）	GPS 车辆比重（%）	空调车数量（辆）	空调车比重（%）
>1000	北　京	21628	8221	38.0	13501	62.4
	上　海	16589	15390	92.8	16350	98.6
	重　庆	7822	7756	99.2	4619	59.1
	广　州	11745	10928	93.0	11745	100.0
	深　圳	15365	8576	55.8	15268	99.4

续上表

市区人口规模（万人）	城 市	公共汽电车数（辆）	GPS 车辆数（辆）	GPS 车辆比重（%）	空调车数量（辆）	空调车比重（%）
300~1000	天 津	7628	2524	33.1	4061	53.2
	沈 阳	5276	704	13.3	25	0.5
	长 春	4473	386	8.6	404	9.0
	哈尔滨	5395	3380	62.7	791	14.7
	南 京	6312	3884	61.5	3851	61.0
	杭 州	7543	7482	99.2	7296	96.7
	济 南	4173	3320	79.6	1143	27.4
	郑 州	5111	4422	86.5	2336	45.7
	武 汉	7465	1700	22.8	5273	70.6
	太 原	2298	—	—	43	1.9
	成 都	8702	6766	77.8	6247	71.8
	昆 明	4656	2955	63.5	140	3.0
	西 安	7662	497	6.5	1051	13.7
	大 连	5091	1082	—	261	—
	厦 门	3770	3402	90.2	3770	100.0
	乌鲁木齐	3732	3182	85.3	—	—
	合 肥	3082	2395	77.7	678	22.0
	南 宁	2698	2397	88.8	285	10.6
100~300	石家庄	3699	3699	100.0	398	10.8
	呼和浩特	1411	—	—	—	—
	福 州	3120	769	24.6	3120	100.0
	南 昌	3300	2116	64.1	1116	33.8
	长 沙	3651	2638	72.3	1978	54.2
	海 口	1408	518	36.8	1403	99.6
	贵 阳	2561	2318	90.5	387	15.1
	兰 州	2549	—	—	100	3.9
	西 宁	1828	1233	67.5	—	—
	青 岛	5658	3796	67.1	609	10.8
	宁 波	3757	2880	76.7	3465	92.2
	银 川	1255	333	26.5	212	16.9
<100	拉 萨	325	325	100.0	—	—

② 燃料类型

按车辆燃料类型划分，目前全国公共汽电车运营车辆主要有汽油车、乙醇汽油车、柴油车、液化石油气车、天然气车和双燃料车等。截至2011年年底，全国城市公共汽电车车辆中有汽油车27959辆，乙醇汽油车12549辆，柴油车304315辆，液化石油气车9500辆，天然气车69023辆，双燃料车20409辆，其中柴油车所占比重最大，为车辆总数的67.0%，见表3-19、图3-12。

2011年全国公共汽电车按燃料类型划分情况　　表3-19

分类 / 数量	汽油车	乙醇汽油车	柴油车	液化石油气车	天然气车	双燃料车	无轨电车	纯电动客车	混合动力车	其他
车辆数（辆）	27959	12549	304315	9500	69023	20409	1651	1218	6613	29
占总量比重（%）	6.2	2.8	67.0	2.1	15.2	4.5	0.4	0.3	1.5	0.0

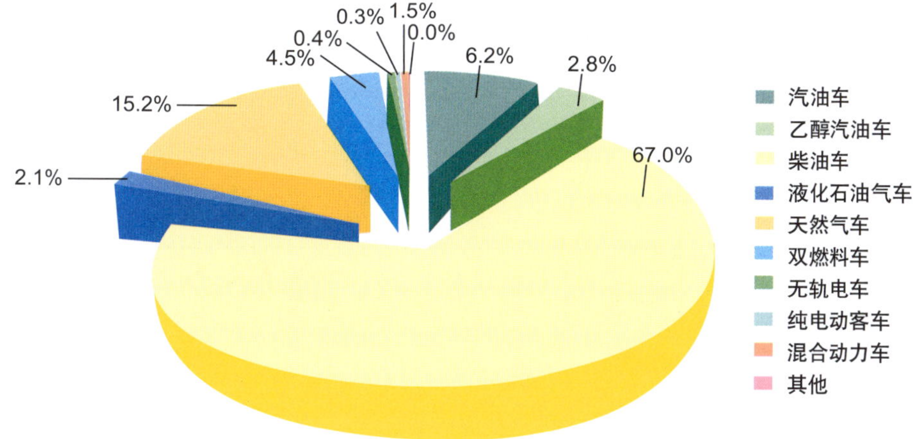

图3-12　2011年全国公共汽电车燃料类型比重情况

截至2011年年底，全国公共汽电车运营车辆中新能源车辆❶总数为7831辆，占公交车辆总数的1.7%。其中纯电动车1218辆，混合动力车6613辆，分别占新能源车的15.6%和84.4%，新能源车辆数量排在前5的省（自治区、直辖市）依次为广东、湖南、浙江、湖北、云南。2011年全国新能源公共汽车数量情况见表3-20、图3-13。

2011年全国新能源公共汽车数量情况　　表3-20

东部地区	车辆数（辆）	中部地区	车辆数（辆）	西部地区	车辆数（辆）
北　京	200	山　西	—	重　庆	6
天　津	145	内蒙古	—	四　川	29
河　北	—	吉　林	—	贵　州	—
辽　宁	76	黑龙江	—	云　南	402
上　海	140	安　徽	181	西　藏	—

❶ 新能源汽车包括混合动力汽车、纯电动汽车（BEV，包括太阳能汽车）、燃料电池电动汽车（FCEV）、氢发动机汽车、其他新能源（如高效储能器、二甲醚）汽车等各类别产品。

续上表

东部地区	车辆数（辆）	中部地区	车辆数（辆）	西部地区	车辆数（辆）
江　苏	223	江　西	148	陕　西	—
浙　江	864	河　南	384	甘　肃	—
福　建	127	湖　北	480	青　海	—
山　东	373	湖　南	1418	宁　夏	—
广　东	2572			新　疆	—
广　西	13				
海　南	50				

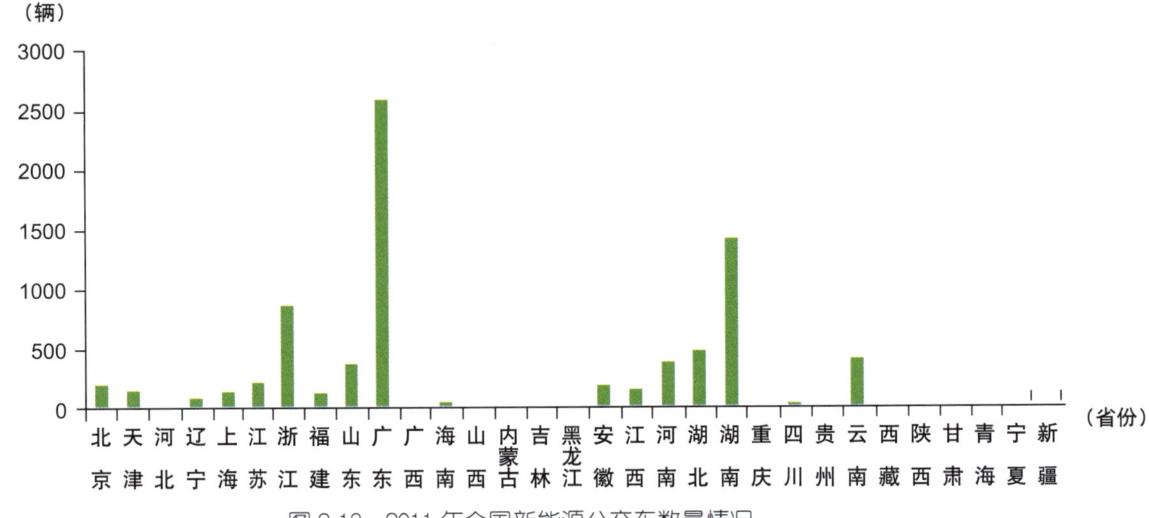

图 3-13　2011 年全国新能源公交车数量情况

全国 36 个中心城市中深圳市新能源公交车辆数最多，为 2023 辆。截至 2011 年年底，全国 36 个中心城市的新能源公交车辆分布情况见图 3-14。截至 2011 年年底，全国 36 个中心城市公共汽电车按燃料类型划分情况见表 3-21。

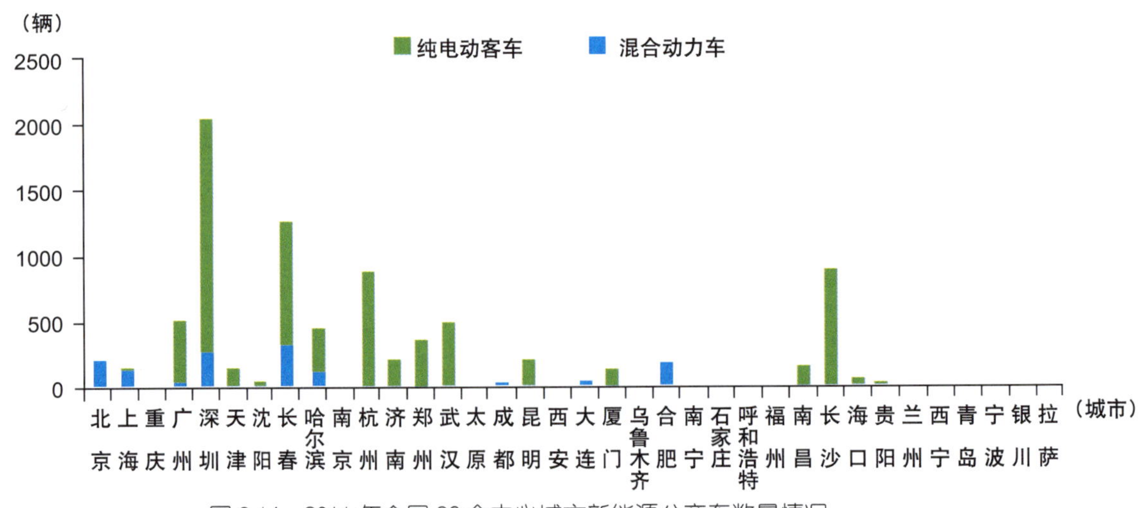

图 3-14　2011 年全国 36 个中心城市新能源公交车数量情况

注：新能源车辆数为纯电动客车数与混合动力车数之和。

2011 年全国 36 个中心城市公共汽电车按燃料类型划分情况　　表 3-21

人口规模（万人）	城市	合计	汽油车	乙醇汽油车	柴油车	液化石油气车	天然气车	双燃料车	无轨电车	纯电动客车	混合动力车
>1000	北京	21628	—	—	18114	—	2854	—	460	200	—
	上海	16589	—	—	16085	—	140	—	224	130	10
	重庆	7822	—	—	187	—	7629	—	—	6	—
	广州	11745	43	—	3250	7679	—	—	273	26	474
	深圳	15365	—	—	12762	—	580	—	—	263	1760
300~1000	天津	7628	24	—	6876	—	583	—	—	—	145
	沈阳	5276	793	—	3590	252	183	418	—	—	40
	长春	4473	—	2312	2132	—	17	12	—	—	—
	哈尔滨	5395	—	908	1870	555	2062	—	—	—	—
	南京	6312	1342	—	3918	—	1049	—	—	3	—
	杭州	7543	308	—	6113	—	196	—	54	—	864
	济南	4173	—	19	2691	—	1117	—	140	6	200
	郑州	5111	—	—	2759	—	—	1966	35	6	345
	武汉	7465	120	—	5118	424	1019	108	196	—	480
	太原	2298	618	—	330	—	41	1178	131	—	—
	成都	8702	—	—	302	—	7750	621	—	29	—
	昆明	4656	1792	—	2588	—	76	—	—	4	196
	西安	7662	—	—	272	—	3005	4385	—	—	—
	大连	5091	—	263	4582	—	149	—	61	36	—
	厦门	3770	8	—	3232	—	404	—	—	—	126
	乌鲁木齐	3732	—	—	210	—	3522	—	—	—	—
	合肥	3082	—	84	2049	—	678	90	—	181	—
	南宁	2698	340	—	2350	—	—	—	—	8	—
100~300	石家庄	3699	23	—	1276	—	2400	—	—	—	—
	呼和浩特	1411	—	—	—	—	—	1411	—	—	—
	福州	3120	125	—	2449	—	545	—	—	—	1
	南昌	3300	52	—	3100	—	—	—	—	—	148
	长沙	3651	165	—	2221	—	392	—	—	—	873
	海口	1408	—	—	668	107	583	—	—	—	50
	贵阳	2561	837	—	307	—	1417	—	—	—	—
	兰州	2549	—	—	16	—	2533	—	—	—	—
	西宁	1828	20	—	—	—	1808	—	—	—	—
	青岛	5658	413	—	3901	—	1344	—	—	—	—
	宁波	3757	11	—	3406	76	264	—	—	—	—
	银川	1255	—	—	—	—	1255	—	—	—	—
<100	拉萨	325	30	—	295	—	—	—	—	—	—

3.4 运营主体

截至2011年年底，全国共有公共汽电车运营企业3325个，较2010年增加了50个，从业人员共有122.7万人，较2010年增加了1.3万人，平均每家公交企业拥有员工369人。企业人员规模前5位的省（自治区、直辖市）依次为：广东、北京、山东、上海、浙江，见表3-22。

2011年全国公共汽电车运营企业和人员情况 表3-22

地区		经营企业个数				从业人员	地区		经营企业个数				从业人员
		合计	国有企业	国有控股企业	私营企业				合计	国有企业	国有控股企业	私营企业	
全国		3325	758	315	1883	1226525	中部地区	黑龙江	139	21	2	108	40629
东部地区	北京	2	1	1	—	88115		安徽	103	30	12	51	33733
	天津	15	14	—	1	17034		江西	109	24	14	71	20010
	河北	144	24	7	98	43914		河南	106	36	9	58	51932
	辽宁	106	35	20	47	54884		湖北	84	42	4	36	58116
	上海	34	—	24	—	66604		湖南	153	54	13	81	46212
	江苏	114	40	35	37	78147	西部地区	重庆	8	7	1	—	29735
	浙江	133	56	14	54	62152		四川	223	37	23	107	54676
	福建	80	48	18	14	28974		贵州	245	15	5	50	17845
	山东	195	74	21	88	79234		云南	127	33	14	80	24332
	广东	195	35	25	118	128362		西藏	7	4	—	2	1657
	广西	116	21	2	87	21187		陕西	104	17	10	75	35247
	海南	47	11	3	32	8020		甘肃	69	7	4	57	18354
中部地区	山西	192	11	3	169	28423		青海	31	11	2	14	8695
	内蒙古	197	9	3	184	22880		宁夏	40	4	2	34	8544
	吉林	89	13	7	69	25680		新疆	118	24	17	61	23198

截至2011年年底，全国城市公共汽电车单位车辆配备的从业人数，即运营车辆人车比为2.7人/辆比2010年下降6.9%。人车比居前5位的省（自治区、直辖市）依次是北京、上海、重庆、西藏、贵州，人车比最低的为云南省，为2.1人/辆，见图3-15、表3-23。

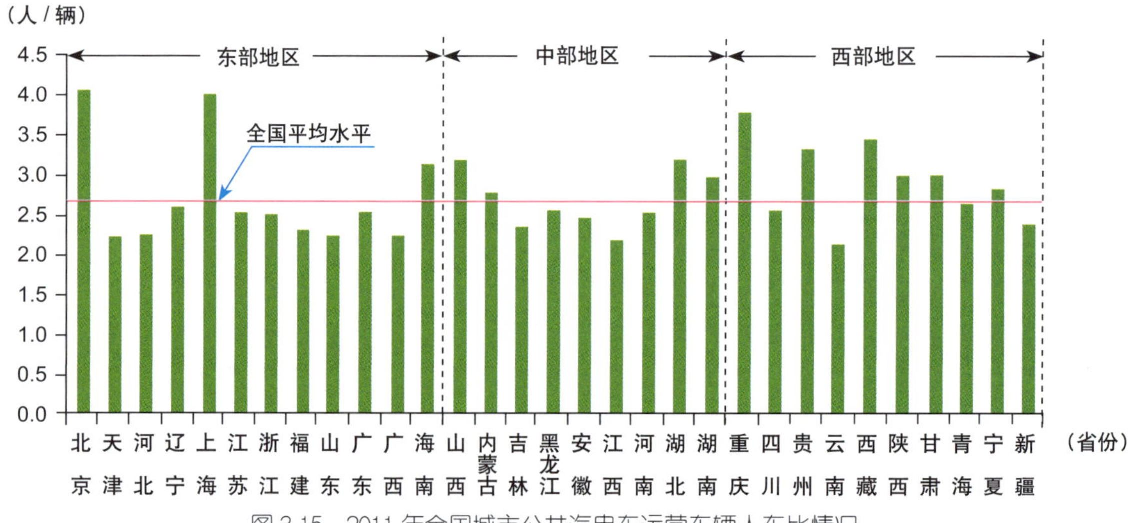

图3-15 2011年全国城市公共汽电车运营车辆人车比情况

2011 年全国城市公共汽电车运营车辆人车比情况　　表 3-23

东部地区	人车比（人 / 辆）	中部地区	人车比（人 / 辆）	西部地区	人车比（人 / 辆）
北　京	4.1	山　西	3.2	重　庆	3.8
天　津	2.2	内蒙古	2.8	四　川	2.6
河　北	2.3	吉　林	2.3	贵　州	3.3
辽　宁	2.6	黑龙江	2.6	云　南	2.1
上　海	4.0	安　徽	2.5	西　藏	3.5
江　苏	2.5	江　西	2.2	陕　西	3.0
浙　江	2.5	河　南	2.5	甘　肃	3.0
福　建	2.3	湖　北	3.2	青　海	2.7
山　东	2.2	湖　南	3.0	宁　夏	2.8
广　东	2.5			新　疆	2.4
广　西	2.2				
海　南	3.1				

2011 年全国 36 个中心城市中，公共汽电车运营车辆人车比高于全国平均水平 2.7 人 / 辆的有 22 个城市，其中北京和兰州居 36 个中心城市首位，运营车辆人车比均为 4.1 人 / 辆；其次为拉萨和武汉，均为 4.0 人 / 辆；再次为太原，3.9 人 / 辆；人车比最低的为南昌市和长春市，均为 1.8 人 / 辆。见图 3-16、表 3-24。

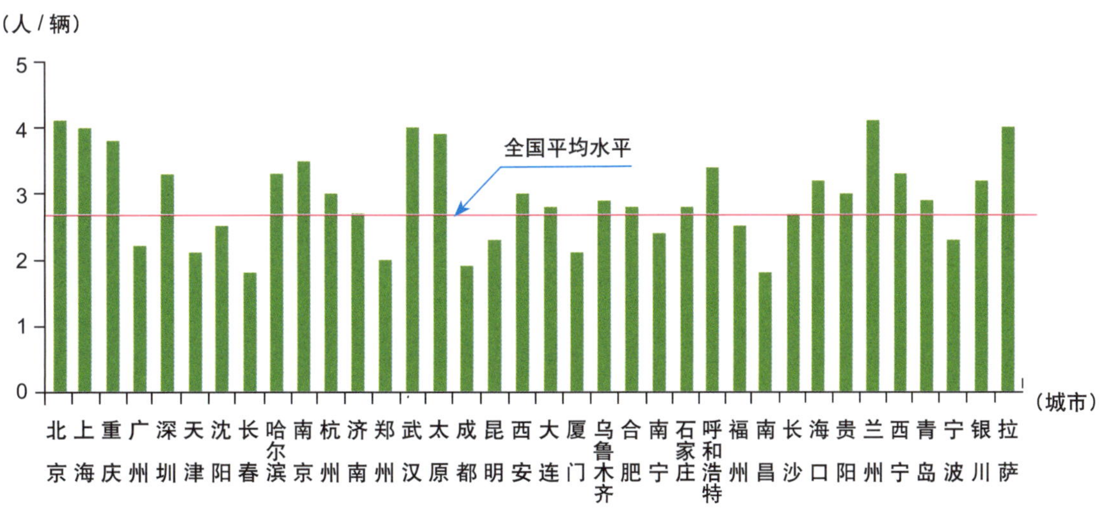

图 3-16　2011 年全国 36 个中心城市公共汽电车运营车辆人车比情况

2011 年全国 36 个中心城市公共汽电车运营车辆人车比情况 表 3-24

市区人口规模（万人）	城市	从业人员（人）	人车比（人/辆）	市区人口规模（万人）	城市	从业人员（人）	人车比（人/辆）
>1000	北京	88115	4.1	300~1000	大连	14025	2.8
	上海	66604	4.0		厦门	7757	2.1
	重庆	29735	3.8		乌鲁木齐	10737	2.9
	广州	25471	2.2		合肥	8709	2.8
	深圳	50761	3.3		南宁	6391	2.4
300~1000	天津	17034	2.1	100~300	石家庄	10399	2.8
	沈阳	13318	2.5		呼和浩特	4834	3.4
	长春	8162	1.8		福州	7771	2.5
	哈尔滨	17826	3.3		南昌	6040	1.8
	南京	22241	3.5		长沙	9824	2.7
	杭州	22802	3.0		海口	4532	3.2
	济南	11344	2.7		贵阳	7708	3.0
	郑州	10476	2.0		兰州	10359	4.1
	武汉	29964	4.0		西宁	6083	3.3
	太原	9070	3.9		青岛	16546	2.9
	成都	16874	1.9		宁波	8721	2.3
	昆明	10554	2.3		银川	3972	3.2
	西安	6083	3.0	<100	拉萨	1313	4.0

3.5 运营指标

① 运营里程

截至 2011 年年底，全国公共汽电车运营里程共计 331.7 亿公里，较 2010 年增长了 4.3%，公共汽电车年运营里程排名前 5 的省（自治区、直辖市）从高到低依次为广东、山东、江苏、浙江、湖北，见图 3-17；2011 年全国公共汽电车车均运营里程为 7.3 万公里，较 2010 年减少了 3.9%，有 11 个省（自治区、直辖市）的车均运营里程超过全国平均值，从高到低依次为海南、湖南、山西、湖北、广东、河北、重庆、江西、内蒙古、江苏、黑龙江。车均运营里程最长的为海南省，为 12.4 万公里。2011 年全国公共汽电车车均运营里程情况见图 3-18，2011 年全国 36 个中心城市公共汽电车车均运营里程情况见图 3-19。

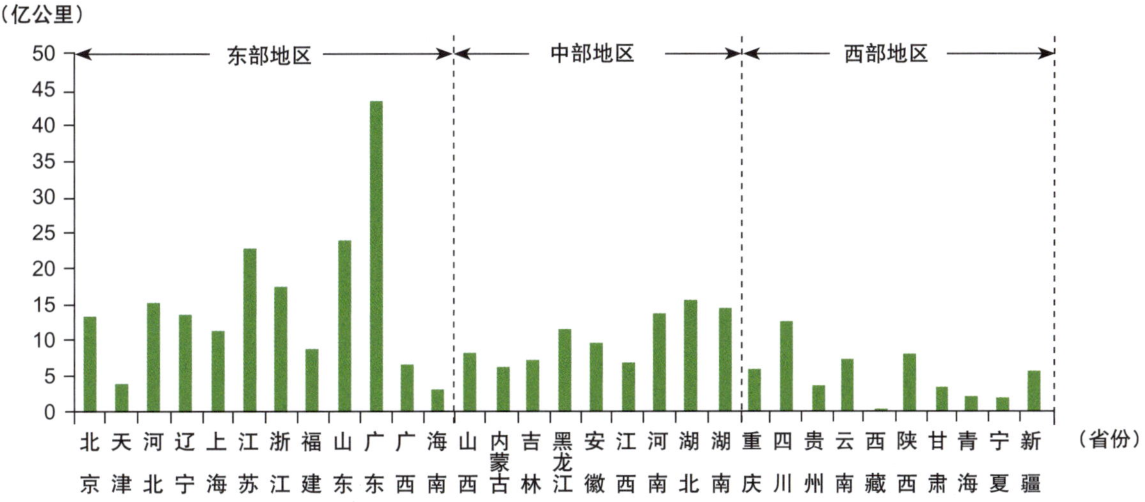

图 3-17　2011 年全国公共汽电车运营里程情况

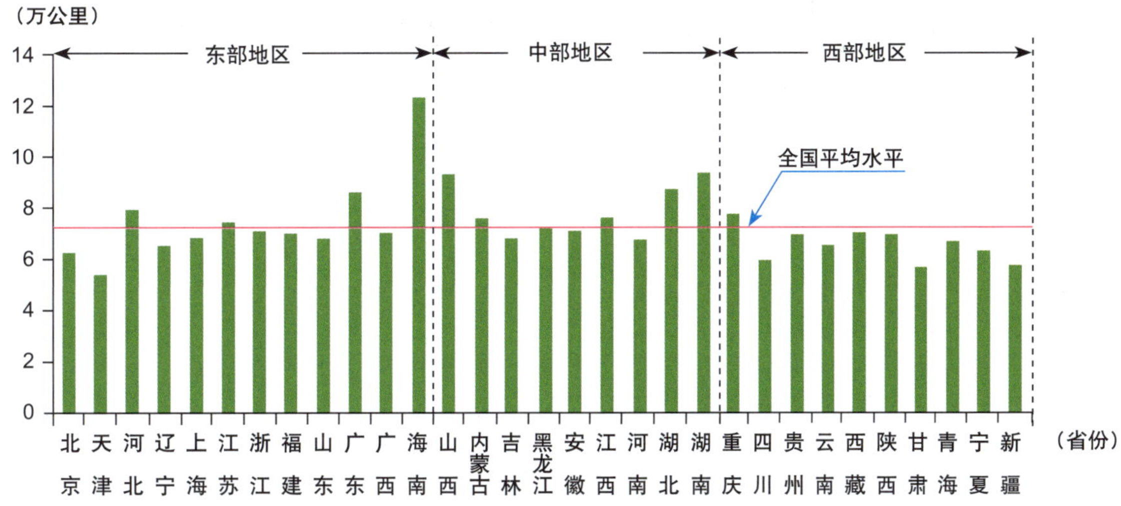

图 3-18　2011 年全国公共汽电车车均运营里程情况

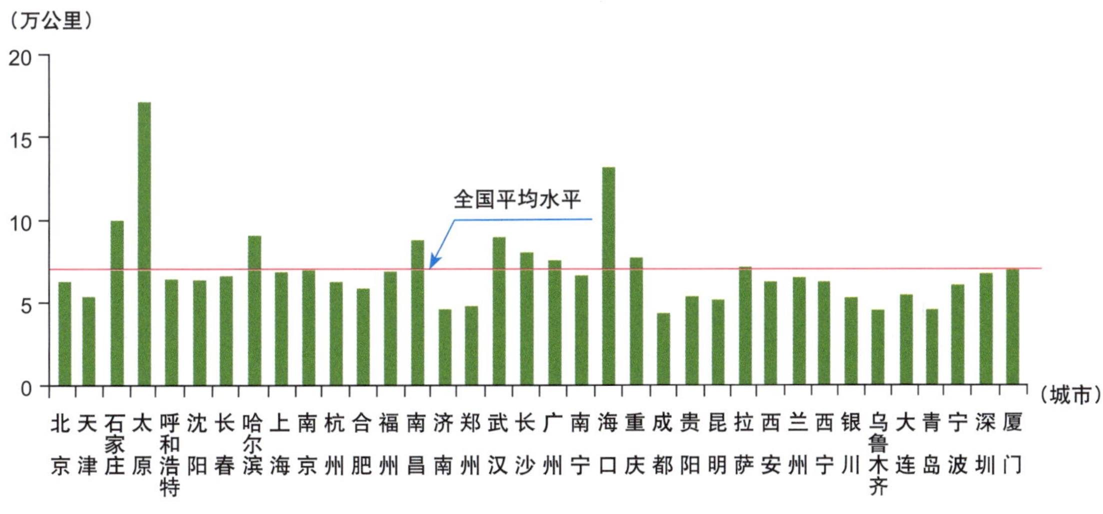

图 3-19　2011 年 36 个中心城市公共汽电车车均运营里程情况

② 客运量

截至 2011 年年底，全国公共汽电车客运总量为 715.8 亿人次，占城市客运总量的 61.4%，比 2010 年增长了 6.8%。公共汽电车客运量排在前 5 位的省（自治区、直辖市）从高到低依次为：广东、北京、江苏、辽宁、山东，见图 3-20。

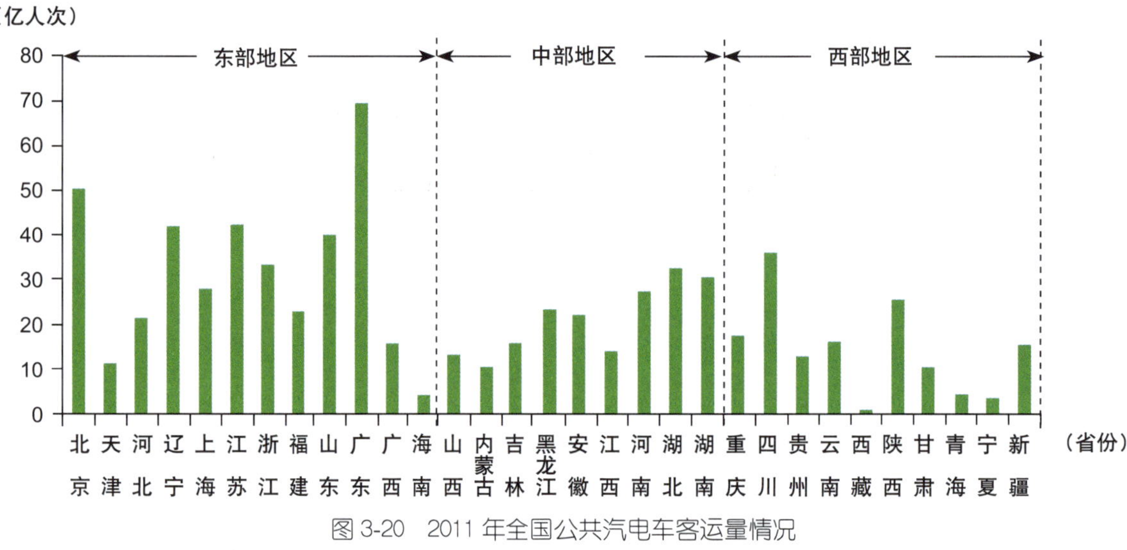

图 3-20　2011 年全国公共汽电车客运量情况

2011 年全国 36 个中心城市的公共汽电车客运量情况见表 3-25。最多的为北京市，50.3 亿人次；其次为上海市，28.1 亿人次；再次为广州市，25.0 亿人次；最少的为拉萨市，0.7 亿人次。

2011 年全国 36 个中心城市公共汽电车客运量情况　　表 3-25

人口规模（万人）	城市	客运量（万人次）	人口规模（万人）	城市	客运量（万人次）	人口规模（万人）	城市	客运量（万人次）
>1000	北京	503272	300~1000	郑州	99191	100~300	呼和浩特	34142
	上海	281075		武汉	147295		福州	67263
	重庆	174930		太原	53186		南昌	59248
	广州	250208		成都	141262		长沙	75433
	深圳	207320		昆明	86543		海口	26253
300~1000	天津	114798	100~300	西安	173727		贵阳	60947
	沈阳	118639		大连	108516		兰州	68464
	长春	67392		厦门	80238		西宁	38572
	哈尔滨	113044		乌鲁木齐	74386		青岛	89614
	南京	103478		合肥	62461		宁波	43943
	杭州	126999		南宁	61031		银川	19921
	济南	84578		石家庄	58962	<100	拉萨	6890

3 IC卡使用

随着公共交通信息化的发展，公共汽电车IC卡逐步普及。截至2011年年底，全国城市公共汽电车IC卡售卡量为1.9亿张，IC卡的平均使用率为36.9%，其中东部地区IC卡使用率为45.0%，中部地区为27.1%，西部地区为28.2%。全国31个省（自治区、直辖市）中，IC卡使用率排在前5位的依次是北京、上海、青海、广东、浙江。2011年全国东、中、西部不同地区城市公共汽电车客运量和IC卡使用情况见表3-26、表3-27、图3-21。

2011年全国东、中、西部不同地区城市公共汽电车客运量和IC卡使用情况　　表3-26

地区分布	年客运量（亿人次）	IC卡年客运量（亿人次）	IC卡使用率（%）
东部地区	381.6	171.9	45.0
中部地区	190.6	51.7	27.1
西部地区	143.6	40.5	28.2

2011年全国城市公共汽电车IC卡使用情况　　表3-27

东部地区	IC卡使用率（%）	中部地区	IC卡使用率（%）	西部地区	IC卡使用率（%）
北京	86.1	山西	35.9	重庆	45.0
天津	34.4	内蒙古	22.9	四川	14.8
河北	13.5	吉林	20.3	贵州	11.2
辽宁	31.1	黑龙江	26.7	云南	39.2
上海	76.2	安徽	28.9	西藏	6.0
江苏	43.1	江西	20.4	陕西	40.3
浙江	45.5	河南	29.6	甘肃	38.9
福建	27.6	湖北	38.3	青海	59.6
山东	29.5	湖南	16.4	宁夏	5.1
广东	47.8			新疆	12.8
广西	14.9				
海南	0.1				

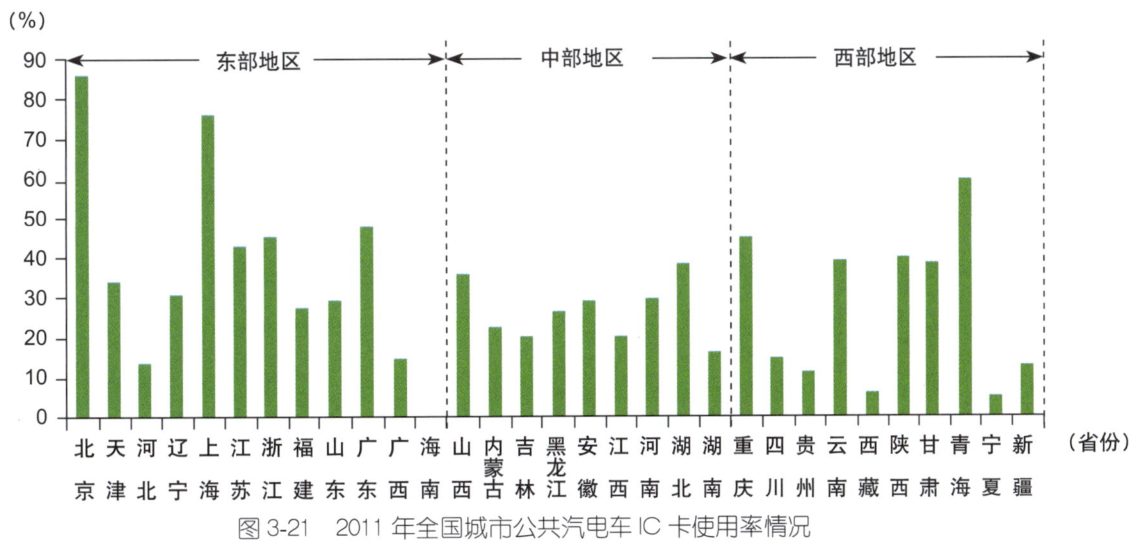

图3-21　2011年全国城市公共汽电车IC卡使用率情况

2011 年全国 36 个中心城市中有 23 个城市的公共汽电车 IC 卡使用率超过全国平均水平，排在前 5 位的依次是北京、上海、宁波、太原、西宁，见图 3-22、表 3-28。

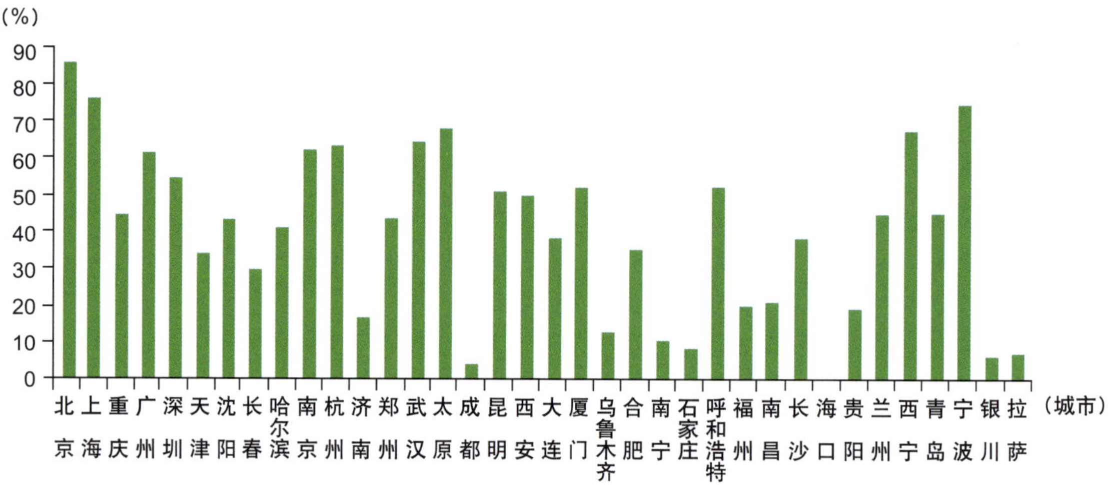

图 3-22 2011 年全国 36 个中心城市公共汽电车 IC 卡使用率情况

2011 年全国 36 个中心城市公共汽电车 IC 卡使用率情况 表 3-28

市区人口规模（万人）	城市	IC 卡使用率（%）	市区人口规模（万人）	城市	IC 卡使用率（%）	市区人口规模（万人）	城市	IC 卡使用率（%）
>1000	北京	86.1	300~1000	郑州	44.0	100~300	呼和浩特	52.3
	上海	76.2		武汉	64.7		福州	20.2
	重庆	45.0		太原	68.2		南昌	21.4
	广州	61.5		成都	4.5		长沙	38.7
	深圳	54.7		昆明	51.3		海口	0.1
300~1000	天津	34.4		西安	50.2		贵阳	19.5
	沈阳	43.4		大连	38.8		兰州	45.1
	长春	30.0		厦门	52.5		西宁	67.7
	哈尔滨	41.5		乌鲁木齐	13.4		青岛	45.3
	南京	62.6		合肥	35.6		宁波	74.8
	杭州	63.4		南宁	10.9		银川	6.8
	济南	17.0	100~300	石家庄	8.8	<100	拉萨	7.1

第四章　城市轨道交通

截至 2011 年年底，全国城市轨道交通线路条数为 58 条，较 2010 年增长 9.4%；线路总长度为 1698.7 公里，较 2010 年增长 15.5%；运营总里程为 2.4 亿列公里，较 2010 年增长 71.4%。2011 年全国城市轨道交通与 2010 年的发展情况对比见表 4-1。

2011 年全国城市轨道交通总体发展情况　　表 4-1

城市轨道交通	线路总长度（公里）	运营线路条数（条）	车辆数（万标台）	运营企业数（个）	从业人数（万人）	运营里程（亿列公里）	客运量（亿人次）
2011 年全国总数	1698.7	58.0	2.4	21.0	10.0	2.4	71.3
同比增长（%）	15.5	9.4	15.0	0.0	–1.0	71.4	28.0

4.1　规划建设

2011 年是我国“十二五”开局之年，城市轨道交通稳步发展。截至 2011 年年底，我国内地已有北京、上海、天津、重庆、广州、深圳、武汉、南京、沈阳、长春、大连、成都、西安 13 个城市开通了城市轨道交通线路。“十二五”期间，除已开通轨道交通线路的城市外，多个城市将首次开通轨道交通。

截至 2011 年年底，全国共建成城市轨道交通车站 1146 个，其中换乘车站 108 个。上海市城市轨道交通车站、换乘站数量最多，分别为 280 个和 37 个，占全国总数的 24.4% 和 33.9%，2011 年全国城市轨道交通车站建设数量见图 4-1 和表 4-2。

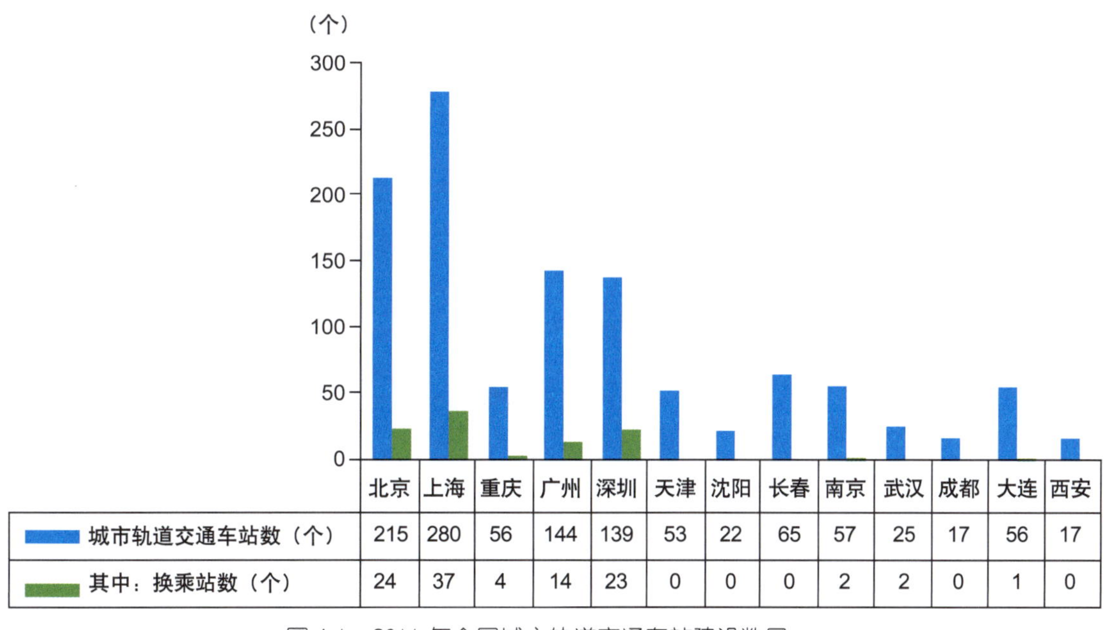

	北京	上海	重庆	广州	深圳	天津	沈阳	长春	南京	武汉	成都	大连	西安
城市轨道交通车站数（个）	215	280	56	144	139	53	22	65	57	25	17	56	17
其中：换乘站数（个）	24	37	4	14	23	0	0	0	2	2	0	1	0

图 4-1　2011 年全国城市轨道交通车站建设数量

2011 年全国城市轨道交通车站建设数量 表 4-2

城　市	轨道交通车站数（个）	其中换乘站数（个）	城　市	轨道交通车站数（个）	其中换乘站数（个）
全　国	1146	108	深　圳	139	23
北　京	215	24	南　京	57	2
天　津	53	—	长　春	65	1
沈　阳	22	—	武　汉	25	2
大　连	56	1	重　庆	56	4
上　海	280	37	成　都	17	—
广　州	144	14	西　安	17	—

4.2 运营线路

截至 2011 年年底，全国共有城市轨道交通运营线路 58 条，运营线路总长度 1698.7 公里。其中地铁运营线路 46 条，总长度 1403.1 公里，占全国城市轨道交通运营线路总长度的 82.6%；轻轨运营线路 5 条，总长度 172.2 公里；单轨运营线路 2 条，总长度 54.8 公里；有轨电车运营线路 4 条，总长度 39.5 公里；磁悬浮运营线路 1 条，长度 29.1 公里。其中，北京和上海的城市轨道交通运营线路条数分别为 15 条和 12 条，长度分别为 372 公里和 454.1 公里。具体情况见图 4-2、图 4-3、图 4-4 和表 4-3、表 4-4。

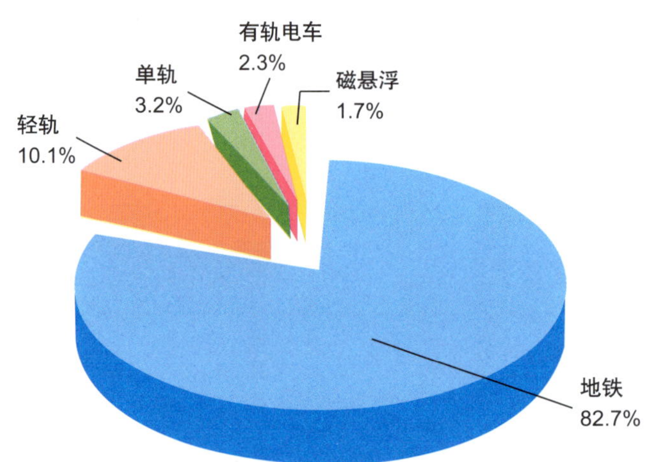

图 4-2　2011 年全国各类城市轨道交通运营线路长度比重情况

此外，随着城市轨道交通的快速发展，城市轨道交通线路日益增加，北京、上海、广州和深圳等特大城市轨道交通运营已经进入网络化运营时代。

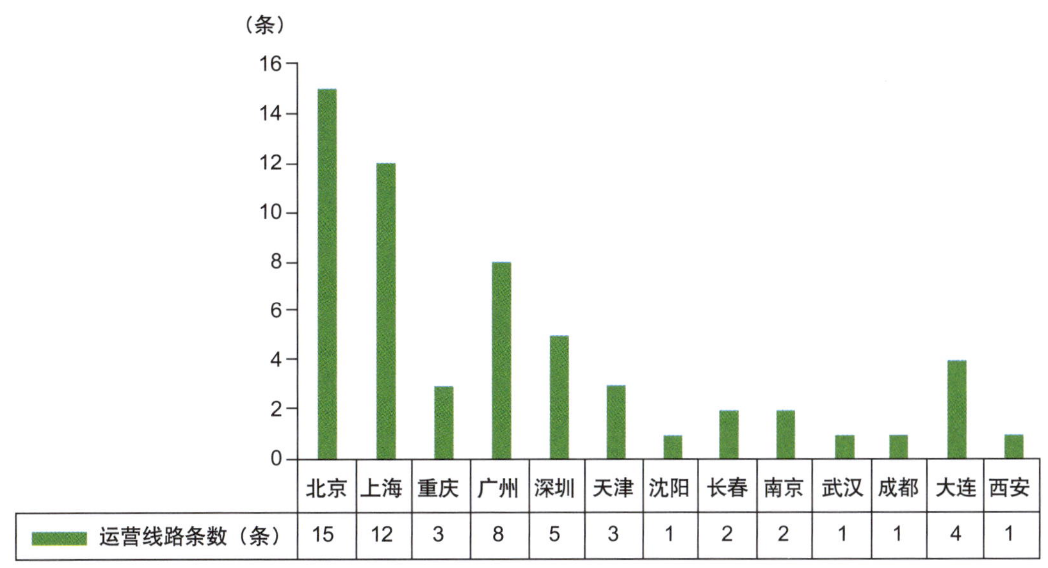

图 4-3 2011 年全国城市轨道交通运营线路条数情况

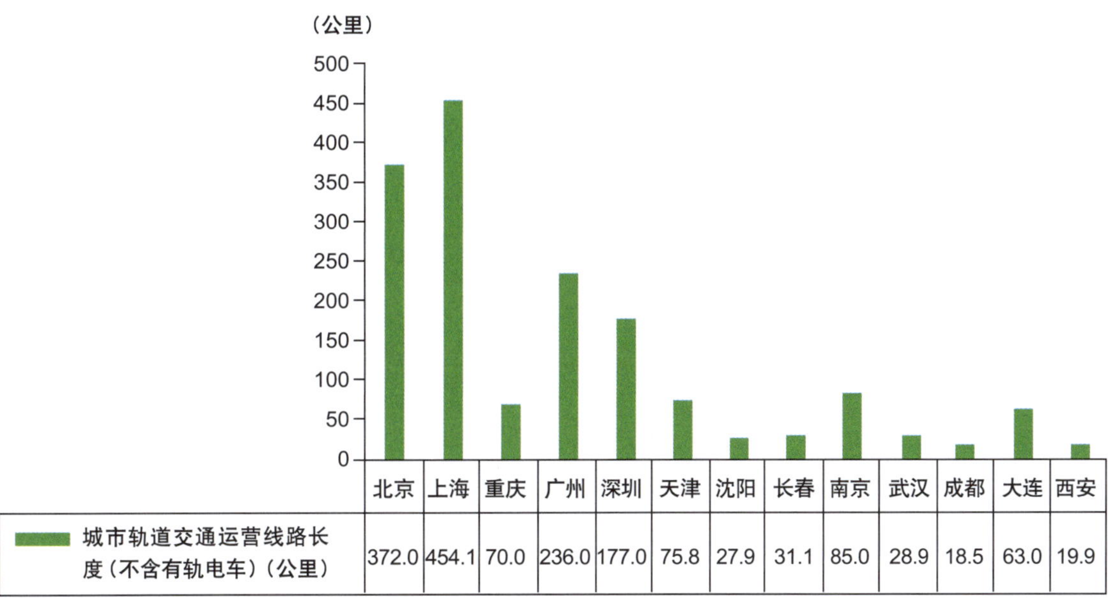

图 4-4 2011 年全国城市轨道交通运营线路长度情况

2011 年全国城市轨道交通运营线路条数情况 表 4-3

城 市	运营线路条数(条)					
	合计	地铁	轻轨	单轨	有轨电车	磁悬浮
全 国	58	46	5	2	4	1
北 京	15	15	—	—	—	—
天 津	3	1	1	—	1	—
沈 阳	1	1	—	—	—	—

续上表

城市	运营线路条数（条）					
	合计	地铁	轻轨	单轨	有轨电车	磁悬浮
大 连	4	—	2	—	2	—
上 海	12	11	—	—	—	1
广 州	8	8	—	—	—	—
深 圳	5	5	—	—	—	—
南 京	2	2	—	—	—	—
长 春	2	—	1	—	1	—
武 汉	1	—	1	—	—	—
重 庆	3	1	—	2	—	—
成 都	1	1	—	—	—	—
西 安	1	1	—	—	—	—

2011 年全国城市轨道交通运营线路长度情况

表 4-4

地 区	运营线路总长度（公里）					
	合计	地铁	轻轨	单轨	有轨电车	磁悬浮
全 国	1698.7	1403.1	172.2	54.8	39.5	29.1
北 京	372.0	372.0	—	—	—	—
天 津	83.7	26.6	49.2	—	7.9	—
沈 阳	27.9	27.9	—	—	—	—
大 连	87.0	—	63.0	—	24.0	—
上 海	454.1	425.0	—	—	—	29.1
广 州	236.0	236.0	—	—	—	—
深 圳	177.0	177.0	—	—	—	—
南 京	85.0	85.0	—	—	—	—
长 春	38.7	—	31.1	—	7.6	—
武 汉	28.9	—	28.9	—	—	—
重 庆	70.0	15.2	—	54.8	—	—
成 都	18.5	18.5	—	—	—	—
西 安	19.9	19.9	—	—	—	—

截至 2011 年年底，全国共有 13 个城市开通城市轨道交通，百万人拥有的城市轨道交通运营线路长度情况见图 4-5 和表 4-5，其中位于前 5 位的城市分别为广州、北京、大连、上海和南京。

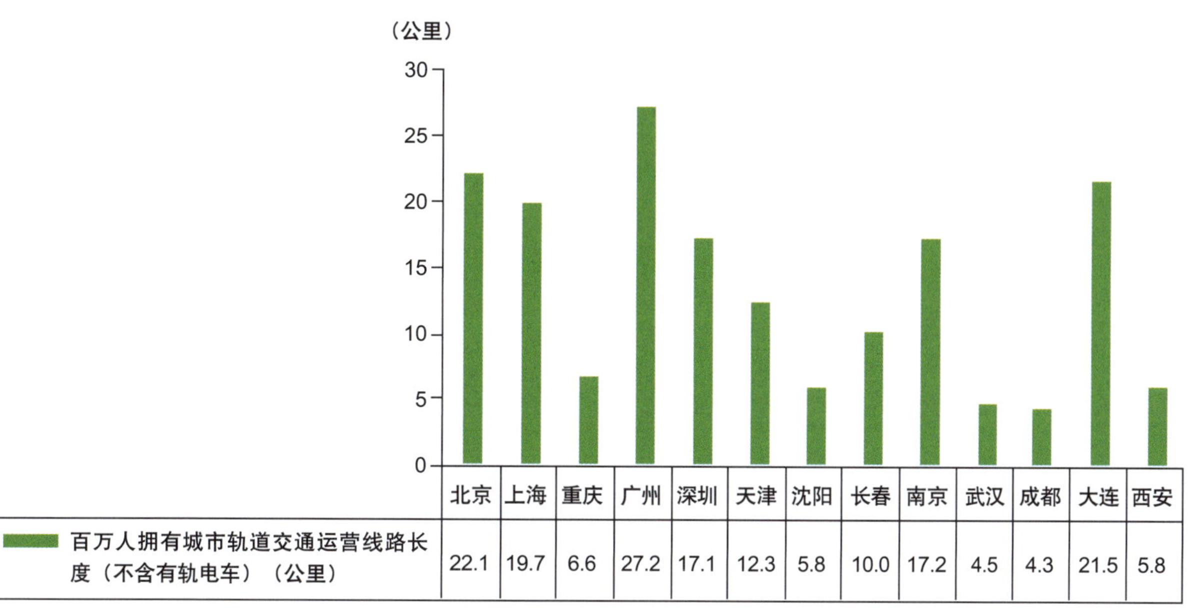

图 4-5　2011 年全国开通城市轨道交通的城市百万人拥有运营线路长度情况

2011 年全国开通城市轨道交通的城市百万人拥有运营线路长度情况　　表 4-5

市区人口规模（万人）	城　市	运营线路长度（公里）	百万人拥有运营线路长度（不含有轨电车）（公里）
>1000	北　京	372.0	22.1
	上　海	454.1	19.7
	重　庆	70.0	6.6
	广　州	236.0	27.2
	深　圳	177.0	17.1
300~1000	天　津	83.7	12.3
	沈　阳	27.9	5.8
	长　春	38.7	10.0
	南　京	85.0	17.2
	武　汉	28.9	4.5
	成　都	18.5	4.3
	大　连	87.0	21.5
	西　安	19.9	5.8

4.3 运营车辆

截至 2011 年年底，全国城市轨道交通运营车辆共 9945 辆，标准运营车数为 24330 标台，较 2010 年增长了 15.0%。其中地铁运营车辆 8947 辆，轻轨运营车辆 647 辆，单轨运营车辆 212 辆，有轨电车运营车辆 125 辆，磁悬浮运营车辆 14 辆，日均编组 1799 列。城市轨道交通运营车辆数量位居前三位的依次为上海、北京和广州，占全国总量的 70.8%。2011 年全国城市轨道交通运营车辆情况见表 4-6。

2011 年全国城市轨道交通运营车辆情况 表 4-6

城 市	运营车数（辆）						标准运营车数（标台）	日均编组列数（列）
	合计	地铁	轻轨	单轨	有轨电车	磁悬浮		
全 国	9945	8947	647	212	125	14	24330	1799
北 京	2850	2850	—	—	—	—	7125	478
天 津	326	150	152	—	24	—	777	52
沈 阳	138	138	—	—	—	—	345	23
大 连	216	—	144	—	72	—	480	108
上 海	2899	2885	—	—	—	14	7248	466
广 州	1292	1292	—	—	—	—	3230	239
深 圳	912	912	—	—	—	—	2280	158
南 京	450	450	—	—	—	—	1125	75
长 春	248	—	219	—	29	—	298	84
武 汉	132	—	132	—	—	—	330	33
重 庆	296	84	—	212	—	—	570	52
成 都	102	102	—	—	—	—	312	17
西 安	84	84	—	—	—	—	210	14

4.4 运营主体

截至 2011 年年底，全国城市轨道交通运营企业共有 21 家，其中上海市最多，有 6 家，分别为上海轨道交通运营管理中心、上海地铁第一运营公司、上海地铁第二运营公司、上海地铁第三运营公司、上海地铁第四运营公司和上海磁悬浮交通发展有限公司。广东有 3 家，分别为广州市地下铁道总公司、深圳市地铁集团有限公司、港铁轨道交通（深圳）有限公司。北京有 2 家，分别为北京市地铁运营有限公司和北京京港地铁有限公司。天津有 2 家，分别为天津市地下铁道运营有限公司和天津滨海快速交通发展有限公司。辽宁有 2 家，分别为沈阳地铁集团有限公司和大连金马快轨运营分公司。南京、长春、武汉、重庆、成都和西安均有 1 家。2011 年全国城市轨道交通运营企业数量情况见图 4-6。

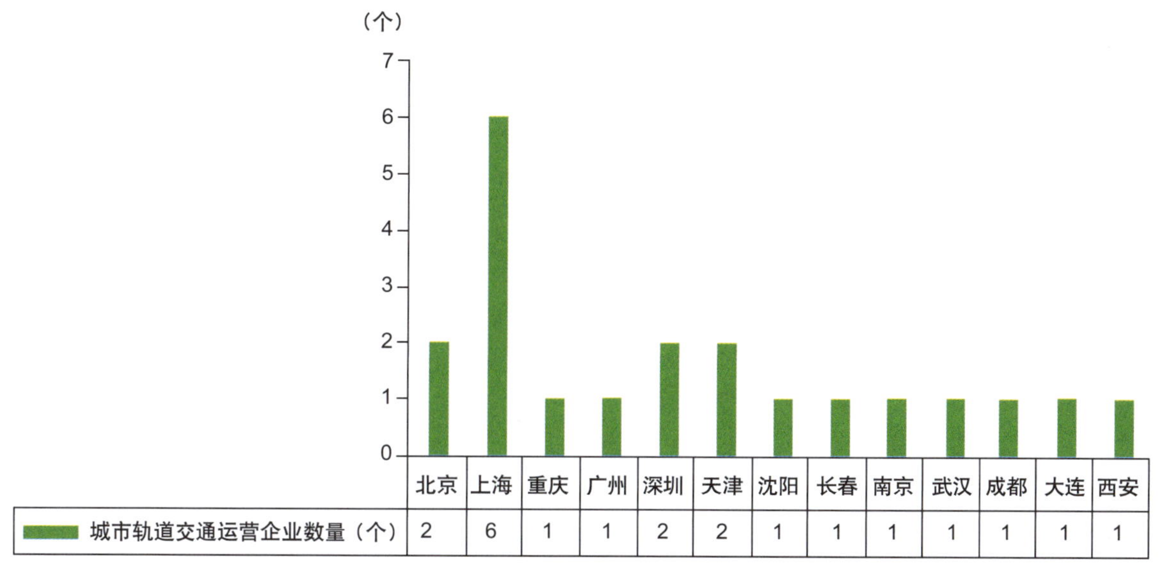

	北京	上海	重庆	广州	深圳	天津	沈阳	长春	南京	武汉	成都	大连	西安
城市轨道交通运营企业数量（个）	2	6	1	1	2	2	1	1	1	1	1	1	1

图 4-6　2011 年全国城市轨道交通运营企业数量情况

截至 2011 年年底，全国城市轨道交通行业从业人员共计 10.0 万人。其中，上海市从业人员最多，为 2.6 万人，占全国总数的 26.0%；西安市从业人员最少，为 1502 人，占全国总数的 1.5%。在全国城市轨道交通行业从业人员中，63.2% 的从业人员集中在上海、北京和广州三个城市轨道交通线路已成网运营的城市，见表 4-7、图 4-7。

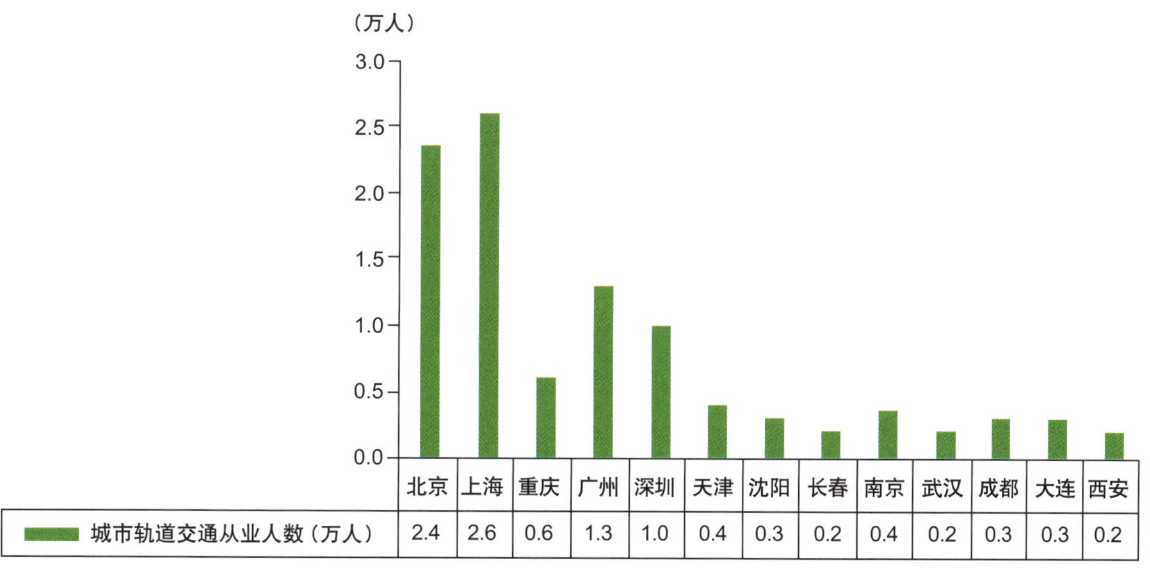

	北京	上海	重庆	广州	深圳	天津	沈阳	长春	南京	武汉	成都	大连	西安
城市轨道交通从业人数（万人）	2.4	2.6	0.6	1.3	1.0	0.4	0.3	0.2	0.4	0.2	0.3	0.3	0.2

图 4-7　2011 年全国城市轨道交通从业人员情况

注：含有轨电车从业人数。

2011年全国城市轨道交通从业人员情况 表4-7

人口规模（万人）	城市	城市轨道交通从业人数（人）	城市轨道交通运营线路长度（公里）
>1000	北京	24293	372.0
	上海	26046	454.1
	重庆	5892	70.0
	广州	12875	236.0
	深圳	9852	177.0
300~1000	天津	3807①	83.7①
	沈阳	2845	27.9
	长春	1781①	38.7①
	南京	3578	85.0
	武汉	1682	28.9
	成都	2845	18.5
	大连	2827①	87.0①
	西安	1502	19.9

注：①标注中表示含有轨电车。

4.5 运营指标

截至2011年年底，全国城市轨道交通运营里程2.4亿列公里，较2010年增加了71.4%，客运量71.3亿人次，较2010年增加了28.0%。北京、上海、广州等城市的轨道交通网络基本形成，网络化效应凸显，在居民出行服务上发挥了巨大作用，北京、上海、广州3个城市的最高日均客流量均已突破600万人次，日均客运量远高于全国平均水平，见表4-8和图4-8。

2011年全国城市轨道交通运营指标情况 表4-8

城市	运营里程（万列公里）	客运量（万人次）	城市	运营里程（万列公里）	客运量（万人次）
全国	23918	713400	深圳	1386	34464
北京	4817	219280	南京	—	34370
天津	600	7565	长春	473	4495
沈阳	213	7268	武汉	373	7737
大连	633	8171	重庆	305	8332
上海	5406	210105	成都	167	5528
广州	3532	164466	西安	50	1618

2011 年全国开通城市轨道交通的城市中，城市轨道交通客运量占公共交通客运总量的比重位列前三位的是上海、广州和北京，分别为 42.6%、39.5% 和 30.3%，见图 4-8。

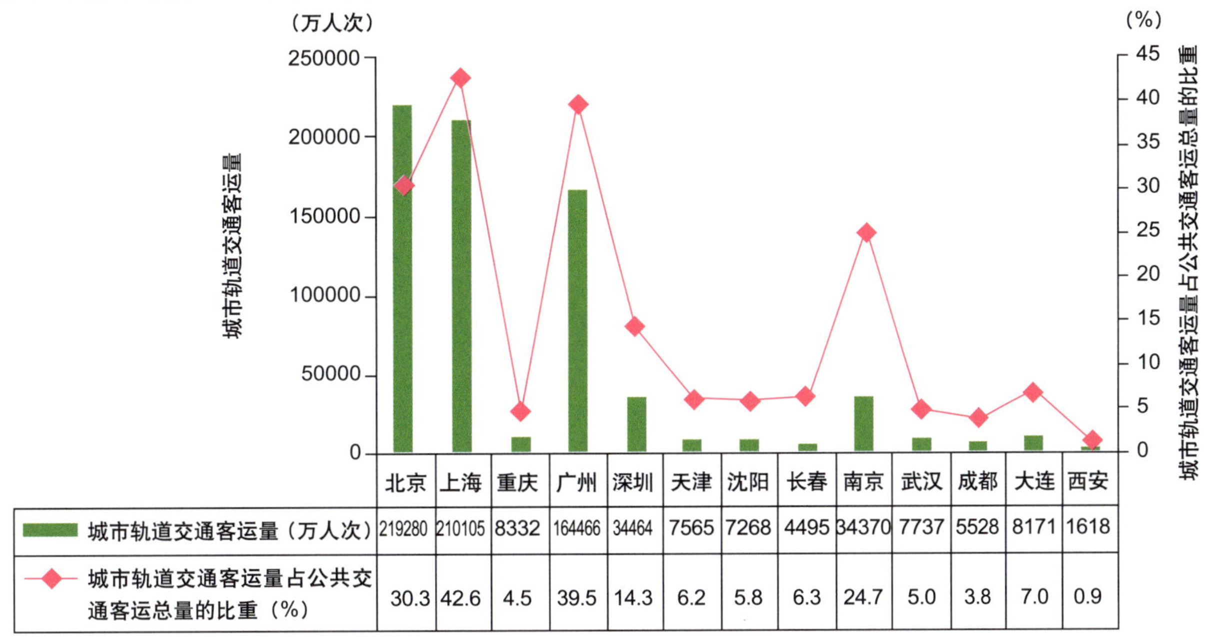

	北京	上海	重庆	广州	深圳	天津	沈阳	长春	南京	武汉	成都	大连	西安
城市轨道交通客运量（万人次）	219280	210105	8332	164466	34464	7565	7268	4495	34370	7737	5528	8171	1618
城市轨道交通客运量占公共交通客运总量的比重（%）	30.3	42.6	4.5	39.5	14.3	6.2	5.8	6.3	24.7	5.0	3.8	7.0	0.9

图 4-8 2011 年全国城市轨道交通客运量及其占公共交通客运总量百分比情况

2011 年全国开通轨道交通的城市中，城区人口年人均乘坐城市轨道交通次数位列前三位的分别是广州 189.2 次、北京 130.1 次和上海 91.3 次，见图 4-9。

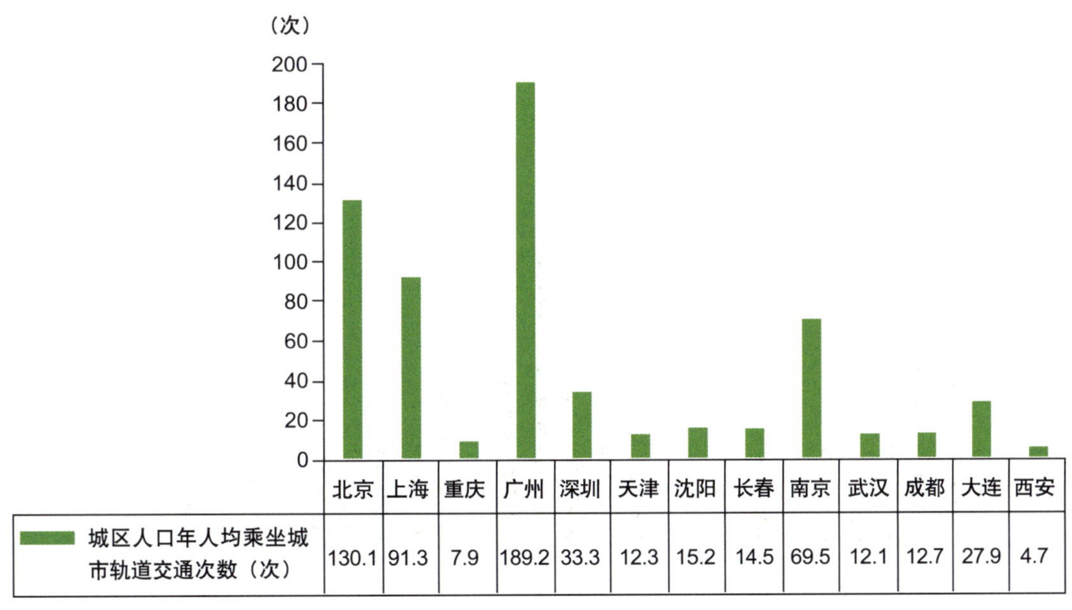

	北京	上海	重庆	广州	深圳	天津	沈阳	长春	南京	武汉	成都	大连	西安
城区人口年人均乘坐城市轨道交通次数（次）	130.1	91.3	7.9	189.2	33.3	12.3	15.2	14.5	69.5	12.1	12.7	27.9	4.7

图 4-9 2011 年全国城市城区人口人均乘坐城市轨道交通次数情况

第五章　出租汽车

截至2011年年底，全国共有出租汽车126.4万辆，较2010年增长3.1%；出租汽车运营企业为8179户，较2010年减少7.0%；个体经营业户为126285户，较2010年减少0.6%；从业人员为240.4万人，较2010年增加了2.0%；车均运营里程为12.0万公里，较2010年减少1.0%；总客运量为376.7亿人次，较2010年增长8.8%。2011年与2010年全国出租汽车的发展情况对比见表5-1。

2011年与2010年相比较全国出租汽车总体发展情况　　表5-1

出租汽车	车辆数（万辆）	运营企业（户）	个体经营业户（户）	从业人员（万人）	运营里程（亿公里）	车均运营里程（万公里）	客运量（亿人次）	里程利用率（%）
2011年全国总数	126.4	8179	126285	240.4	1519.7	12.0	376.7	69.2
同比增长（%）	3.1	–7.0	–0.6	2.0	2.1	–1.0	8.8	–0.3

5.1　运营车辆

截至2011年年底，全国共有出租汽车126.4万辆，其中2011年新增出租汽车4.7万辆，报废更新出租汽车14.3万辆。2011年全国出租汽车车辆数量排在前5位的省（自治区、直辖市）依次为黑龙江、辽宁、吉林、山东、北京，具体情况见图5-1和表5-2。

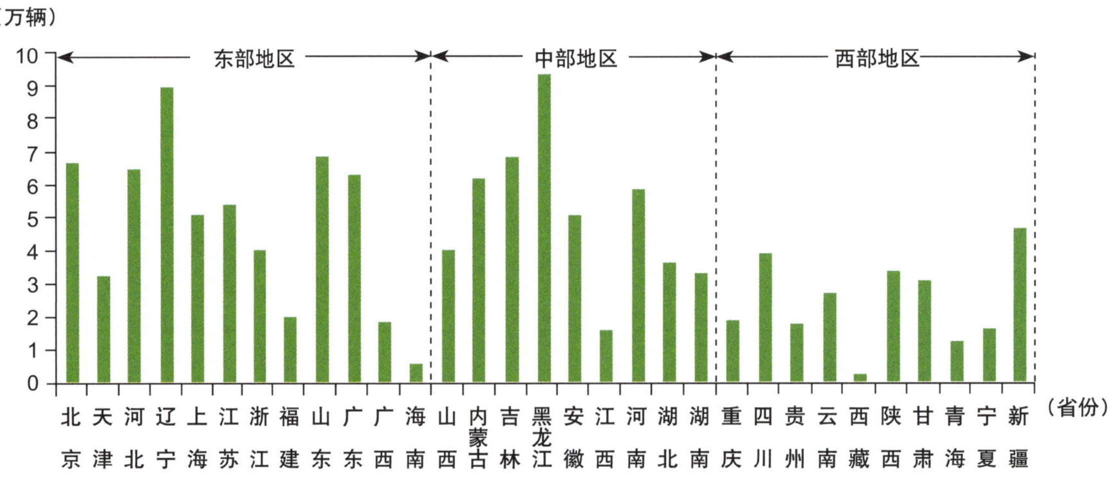

图5-1　2011年全国出租汽车运营车辆数量情况

2011 年全国出租汽车车辆数量情况　　表 5-2

东部地区	运营车数（辆）	中部地区	运营车数（辆）	西部地区	运营车数（辆）
北　京	66646	山　西	39961	重　庆	18370
天　津	31940	内蒙古	61646	四　川	38657
河　北	64226	吉　林	68256	贵　州	17196
辽　宁	89315	黑龙江	92668	云　南	26614
上　海	50438	安　徽	50119	西　藏	1993
江　苏	53409	江　西	15369	陕　西	33215
浙　江	39679	河　南	58132	甘　肃	30396
福　建	19596	湖　北	35716	青　海	12097
山　东	68143	湖　南	32857	宁　夏	15562
广　东	62586			新　疆	46280
广　西	17849				
海　南	4848				

按车辆燃油类型分，全国出租汽车车辆主要分为汽油车、乙醇汽油车、柴油车、液化石油气车、天然气车、双燃料车和纯电动车。其中汽油车 62.5 万辆，乙醇汽油车 21.7 万辆，柴油车 8.4 万辆，液化石油气车 0.8 万辆，天然气车 7.4 万辆，双燃料车 25.6 万辆，纯电动车 448 辆，传统的汽油车依然占据绝对优势。2011 年全国出租汽车按燃油类型划分情况见表 5-3 和图 5-2。

2011 年全国出租汽车按燃油类型划分情况　　表 5-3

分类 / 数量	汽油车	乙醇汽油车	柴油车	液化石油气车	天然气车	双燃料车	纯电动车
车辆数（辆）	624542	217375	83679	8494	73528	255713	448
占总量比重（%）	49.5	17.2	6.6	0.7	5.8	20.2	0.0

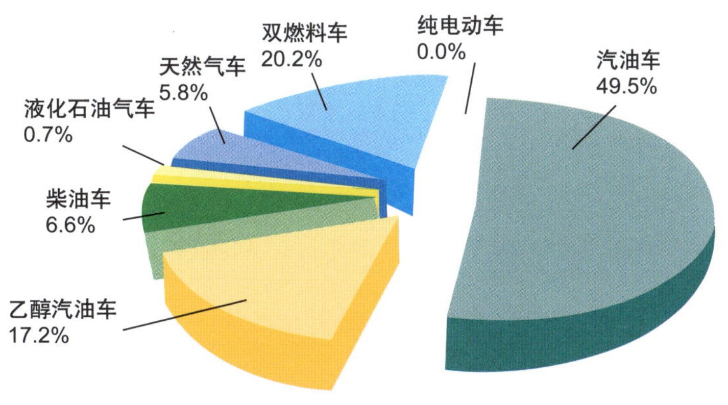

图 5-2　2011 年全国出租汽车按照燃料类型划分比重情况

截至2011年年底，全国36个中心城市中有12个城市以使用汽油出租汽车为主（汽油车辆数占车辆总数的比重超过50%），分别为北京、天津、大连、上海、深圳、昆明、青岛、杭州、贵阳、沈阳、太原、福州；有13个城市以双燃料出租汽车为主（双燃料车辆数占车辆总数的比重超过50%），分别为西宁、西安、呼和浩特、石家庄、武汉、重庆、海口、济南、郑州、成都、厦门、广州、南京；有4个城市以天然气出租汽车为主（天然气车辆数占车辆总数的比重超过50%），分别为乌鲁木齐、兰州、合肥、银川；目前有3个城市开始使用纯电动出租汽车，分别为深圳市（300辆）、杭州市（96辆）和海口市（27辆）。2011年全国36个中心城市出租汽车按燃油类型划分情况见表5-4。

2011年全国36个中心城市出租汽车按燃油类型划分情况 表5-4

人口规模（万人）	城 市	合计（辆）	汽油车（辆）	乙醇汽油车（辆）	柴油车（辆）	液化石油气车（辆）	天然气车（辆）	双燃料车（辆）	纯电动车（辆）
>1000	北 京	66646	66646	—	—	—	—	—	—
	上 海	50438	47102	—	1052	—	—	2284	—
	重 庆	15004	—	—	—	—	292	14712	—
	广 州	18852	51	—	—	4037	—	14764	—
	深 圳	14735	14435	—	—	—	—	—	300
300~1000	天 津	31940	31939	—	1	—	—	—	—
	沈 阳	19640	15259	—	4381	—	—	—	—
	长 春	16967	—	9883	7084	—	—	—	—
	哈尔滨	15435	—	10643	4792	—	—	—	—
	南 京	10195	5048	—	54	—	—	5093	—
	杭 州	10048	8969	—	733	250	—	—	96
	济 南	8357	314	401	221	—	—	7421	—
	郑 州	10607	—	1190	—	—	—	9417	—
	武 汉	14120	233	—	—	—	—	13887	—
	太 原	8292	5933	—	3	—	983	1373	—
	成 都	13270	2200	—	—	—	—	11070	—
	昆 明	7353	7206	—	147	—	—	—	—
	西 安	12932	10	—	—	—	—	12922	—
	大 连	10242	10242	—	—	—	—	—	—
	厦 门	4825	849	—	—	—	—	3976	—
	乌鲁木齐	9963	—	—	—	—	9963	—	—
	合 肥	8395	—	—	70	—	8325	—	—
	南 宁	5140	—	5040	100	—	—	—	—

续上表

人口规模（万人）	城 市	合计（辆）	汽油车（辆）	乙醇汽油车（辆）	柴油车（辆）	液化石油气车（辆）	天然气车（辆）	双燃料车（辆）	纯电动车（辆）
100~300	石家庄	6826	116	—	—	—	—	6710	—
	呼和浩特	5642	71	—	—	—	—	5571	—
	福 州	5245	3315	—	1487	—	—	443	—
	南 昌	4345	1074	—	3271	—	—	—	—
	长 沙	6280	526	—	3455	—	498	1801	—
	海 口	2352	—	—	25	—	—	2300	27
	贵 阳	4401	3555	—	846	—	—	—	—
	兰 州	6995	38	—	—	—	6957	—	—
	西 宁	5516	—	—	—	—	—	5516	—
	青 岛	9697	8600	—	2	—	1095	—	—
	宁 波	3851	196	—	3633	—	—	22	—
	银 川	5006	1411	—	—	—	2608	987	—
<100	拉 萨	1160	—	—	—	1160	—	—	—

5.2 运营主体

1 企业概况

截至 2011 年年底，全国出租汽车个体经营业户为 126285 户，较 2010 年减少了 0.6%。全国出租汽车企业共计 8179 家，较 2010 年减少了 7.0%；其中车辆数在 300 辆以上的企业数为 730 个，占全部企业数的 8.9%，较 2010 年上升 1.2 个百分点；车辆数在 50 辆（含）以下的企业数为 2747 个，占全部企业数的 33.6%，较 2010 年下降 6.5 个百分点，具体情况见图 5-3。2011 年全国出租汽车企业车辆规模所占比重情况见表 5-5。

2011 年全国出租汽车企业车辆规模所占比重情况 表 5-5

类 型	车辆 301 辆以上的企业数	车辆 101~300 辆（含）的企业数	车辆 51~100 辆（含）的企业数	车辆 50 辆（含）以下的企业数
企业数量（个）	730	2467	2235	2747
所占比重（%）	8.9	30.2	27.3	33.6

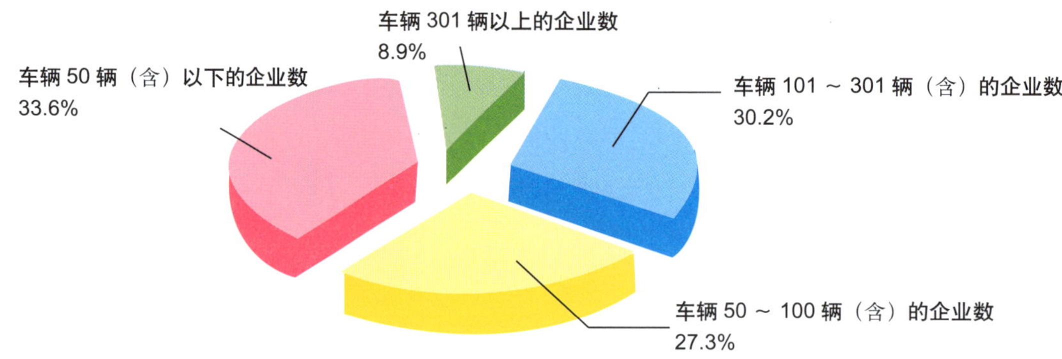

图 5-3　2011 年全国出租汽车企业按车辆规模划分的比重情况

② 从业人员

截至2011年年底，全国出租汽车行业从业人员达240.4万人，较2010年增加了2.0%。全国各省（自治区、直辖市）出租汽车行业平均从业人员为7.8万人。从业人数最多的为辽宁省，达18.4万人；其次为黑龙江省，14.7万人；再次为广东省，13.6万人。2011年全国出租汽车从业人员情况见表5-6。

2011 年全国出租汽车从业人员情况　　表 5-6

东部地区	出租汽车从业人员（万人）	中部地区	出租汽车从业人员（万人）	西部地区	出租汽车从业人员（万人）
北京	10.0	山西	6.8	重庆	5.3
天津	3.8	内蒙古	9.5	四川	9.2
河北	10.0	吉林	11.6	贵州	4.3
辽宁	18.4	黑龙江	14.7	云南	5.0
上海	12.7	安徽	9.3	西藏	0.5
江苏	10.7	江西	3.3	陕西	7.3
浙江	10.2	河南	10.8	甘肃	4.8
福建	4.6	湖北	8.3	青海	2.1
山东	11.8	湖南	7.5	宁夏	2.6
广东	13.6			新疆	7.5
广西	3.5				
海南	1.0				

截至2011年年底，全国36个中心城市中出租汽车从业人员规模排在前5位的是上海、北京、沈阳、重庆、广州。2011年全国36个中心城市出租汽车从业人员情况见表5-7。

2011 年全国 36 个中心城市出租汽车从业人员情况 表 5-7

人口规模（万人）	城市	从业人员（人）	人口规模（万人）	城市	从业人员（人）
>1000	北京	100000	300~1000	大连	21384
	上海	127274		厦门	10898
	重庆	44986		乌鲁木齐	18675
	广州	41071		合肥	21960
	深圳	33305		南宁	11407
300~1000	天津	37769	100~300	石家庄	16043
	沈阳	49100		呼和浩特	15481
	长春	28235		福州	15434
	哈尔滨	28525		南昌	11144
	南京	20239		长沙	17343
	杭州	25803		海口	5294
	济南	11444		贵阳	11461
	郑州	22376		兰州	12776
	武汉	38232		西宁	11117
	太原	18196		青岛	19585
	成都	30855		宁波	9742
	昆明	14227		银川	10059
	西安	33189	<100	拉萨	2605

5.3 运营指标

1 运营里程

截至 2011 年年底，全国出租汽车运营总里程为 1519.7 亿公里，较 2010 年增长了 2.1%，平均每辆出租汽车年运营里程为 12.0 万公里，其中西藏自治区每辆车平均年运营里程最高，为 18.9 万公里。2011 年全国出租汽车平均年运营里程情况见图 5-4。

截至 2011 年年底，全国 36 个中心城市中有 25 个城市每辆出租汽车年平均运营里程超过全国平均水平，其中拉萨市每辆车平均年运营里程最高，为 21.4 万公里。2011 年全国 36 个中心城市每辆出租汽车平均年运营里程情况见图 5-5。

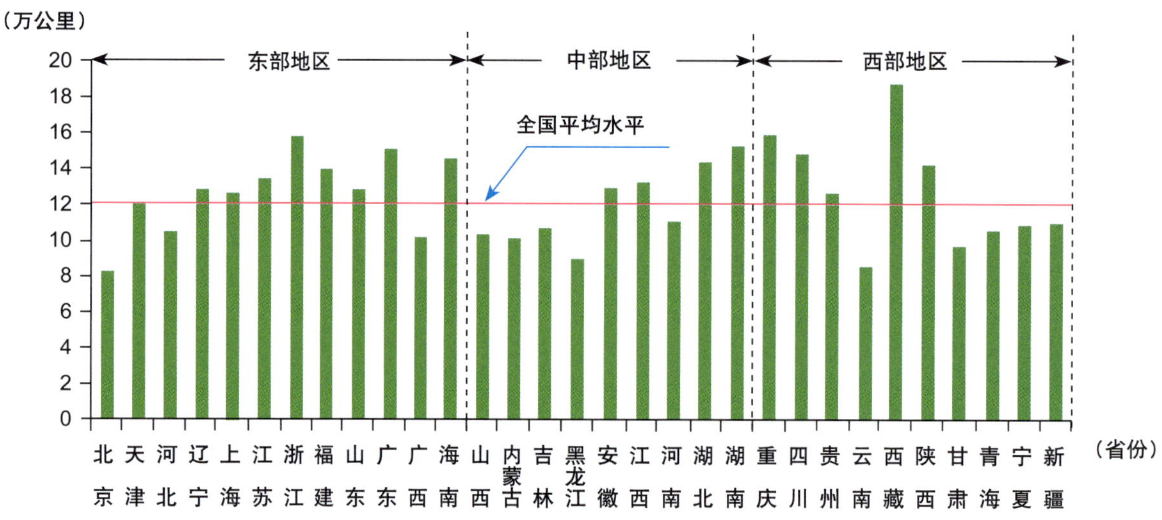

图 5-4　2011 年全国出租汽车平均年运营里程情况

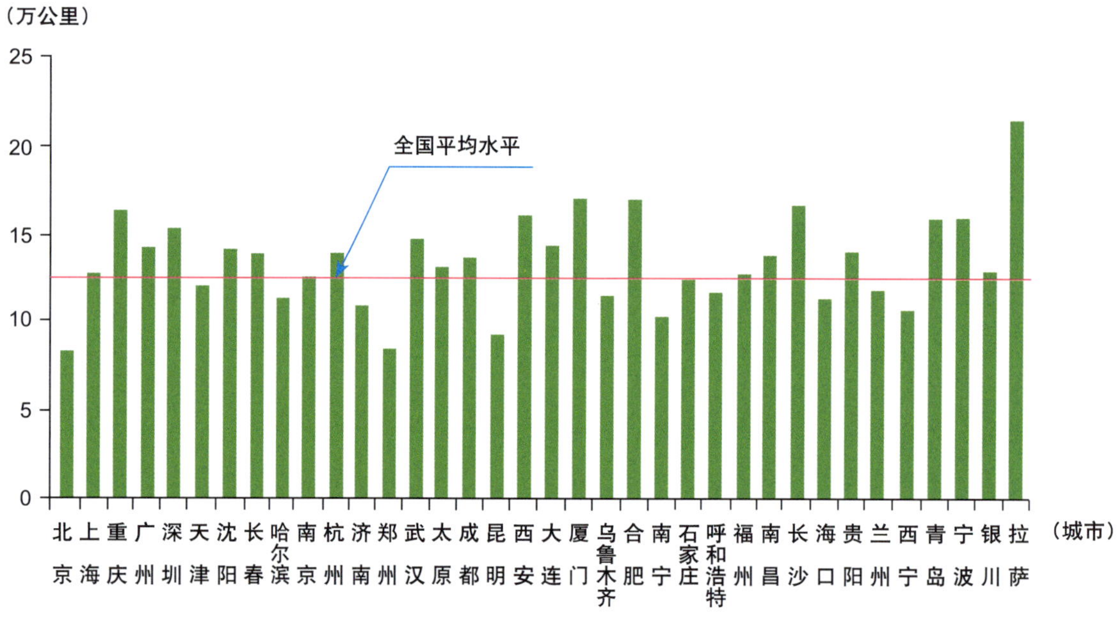

图 5-5　2011 年全国 36 个中心城市出租汽车平均年运营里程情况

2 客运量

截至 2011 年年底，全国出租汽车共完成客运量 376.7 亿人次，较 2010 年增加了 8.8%，平均每车次载客人数 2.0 人，空驶率为 30.8%，日均运送旅客 82 人，营运次数 41 次。2011 年全国 36 个中心城市中有 13 个城市的城区人口年人均乘坐出租汽车次数超过全国平均水平，分别是长春、西宁、银川、拉萨、大连、合肥、西安、贵阳、长沙、哈尔滨、沈阳、兰州、杭州，具体情况见图 5-6 和表 5-8。

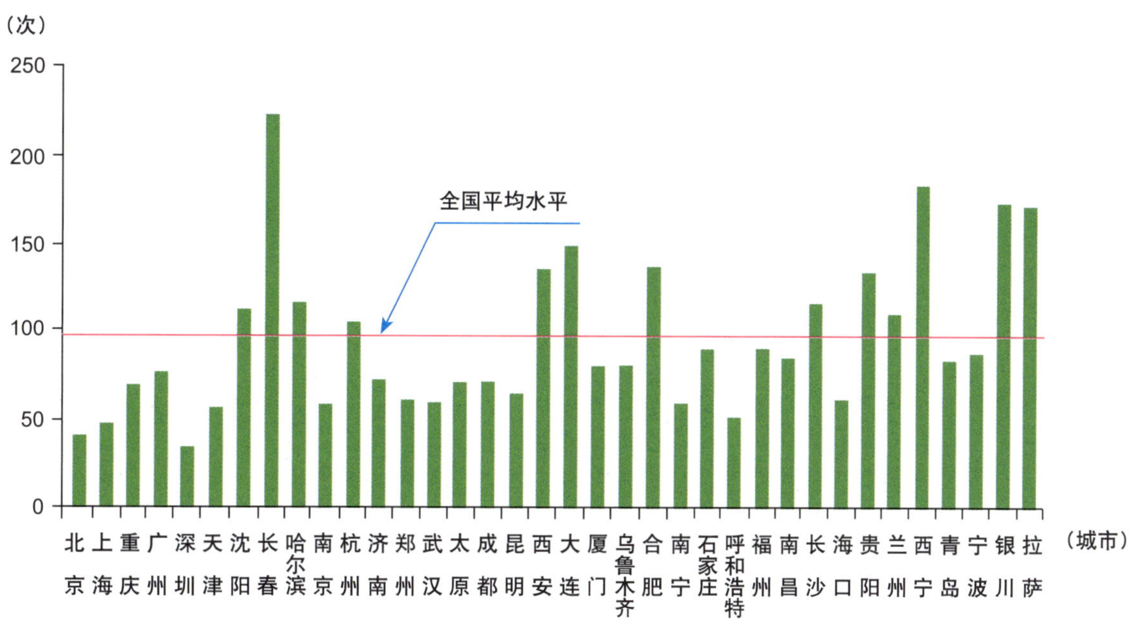

图 5-6　2011 年全国 36 个中心城市城区人口年人均乘坐出租汽车次数情况

2011 年全国 36 个中心城市城区人口年人均乘坐出租汽车次数情况　　　表 5-8

人口规模（万人）	城　市	年人均乘坐出租汽车次数（次）	人口规模（万人）	城　市	年人均乘坐出租汽车次数（次）	人口规模（万人）	城　市	年人均乘坐出租汽车次数（次）
>1000	北　京	41.3	300~1000	郑　州	61.7	100~300	呼和浩特	51.0
	上　海	47.8		武　汉	59.6		福　州	90.4
	重　庆	69.7		太　原	70.7		南　昌	85.4
	广　州	76.6		成　都	71.6		长　沙	116.8
	深　圳	34.3		昆　明	65.1		海　口	61.5
300~1000	天　津	56.9		西　安	136.3		贵　阳	134.4
	沈　阳	113.0		大　连	148.8		兰　州	110.1
	长　春	223.6		厦　门	80.1		西　宁	183.2
	哈尔滨	116.8		乌鲁木齐	80.5		青　岛	83.4
	南　京	58.6		合　肥	137.4		宁　波	87.8
	杭　州	105.8		南　宁	59.0		银　川	173.5
	济　南	72.4	100~300	石家庄	89.2	<100	拉　萨	171.8

3 里程利用率

截至 2011 年年底，全国出租汽车运营里程为 1519.7 亿公里，载客里程 1052.1 亿公里，里程利用率为

69.2%，较2010年降低了0.3%，见图5-7。

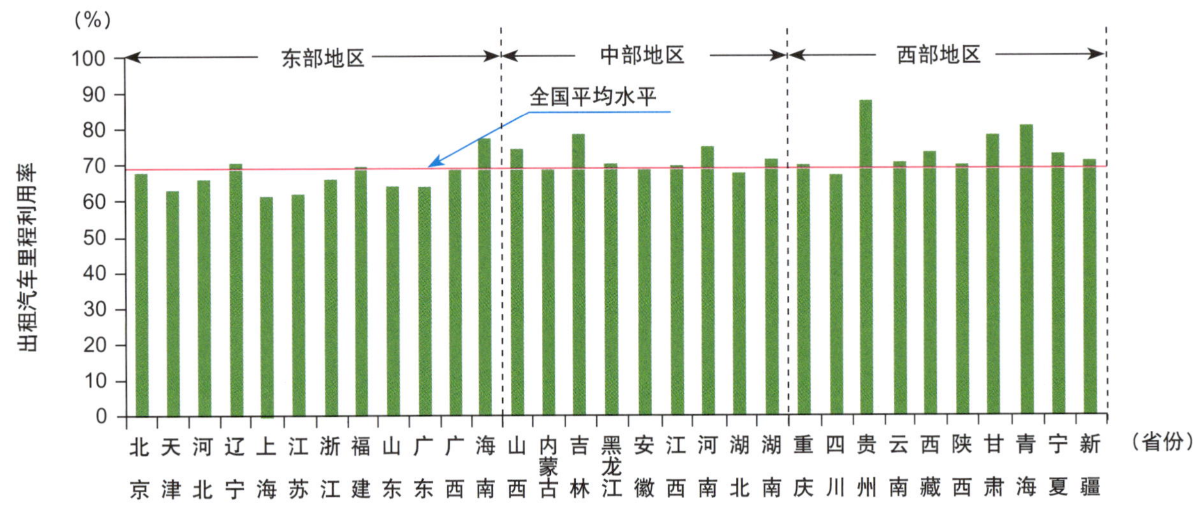

图5-7　2011年全国城市出租汽车里程利用率情况

截至2011年年底，全国36个中心城市中有23个城市的出租汽车里程利用率超过全国平均水平，其中出租汽车里程利用率最高的是贵阳市，为91.5%，其次为大连市90.0%，再次为兰州市89.6%；里程利用率最低的为宁波市，为57.2%。具体情况见图5-8。

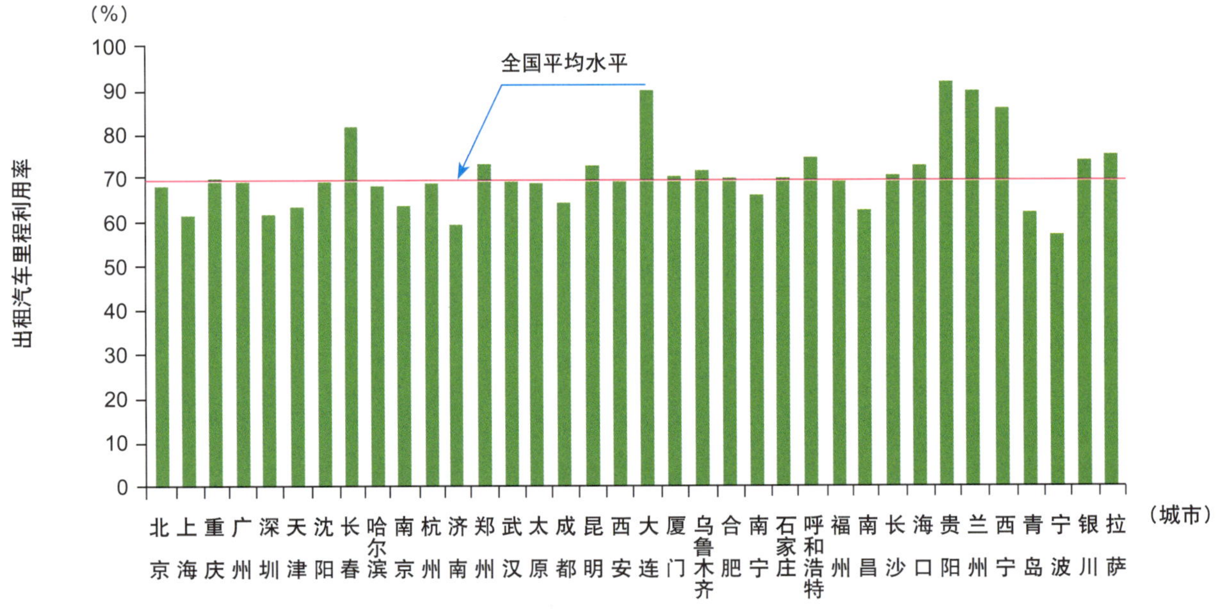

图5-8　2011年全国36个中心城市出租汽车里程利用率情况

专题篇

Zhuanti Pian

第六章 “公交都市”建设

6.1 现状

“十一五”期间，我国城市公共交通发展取得了显著成绩，在服务城市居民基本出行、改善城市人居环境、服务城市经济社会协调发展等方面发挥了积极作用。但是，与国外发达国家相比，我国城市公共交通发展总体上还比较滞后，公交优先发展战略还没有真正落实到位，公交供给能力不足、服务质量不高、普遍服务不到位、安全防范和应急反应能力薄弱等问题仍很突出，群众出行不便，城市交通拥堵问题不断加剧，与城市经济社会快速发展和人民生活水平不断提高的需求还有较大差距。

“十二五”及今后一段时期，是我国全面建设小康社会的关键历史时期，经济社会快速发展，经济结构加速调整，对外开放日益扩大，城乡、区域一体化进程迅速推进，城镇化和机动化进程逐步加快，将是我国城市公共交通加快发展和迅速转型的关键时期，也是加快落实“公交优先”战略，实现城市公共交通优先发展、科学发展的重要战略机遇期。

2011年4月13日，交通运输部正式印发了《交通运输“十二五”发展规划》（以下简称《规划》）。《规划》首次明确了加强城市客运管理的规划内容，提出要建立多层次的公共交通服务网络、提高城市客运信息化、智能化水平和规范城市公交运营管理，并以专题形式提出结合国家低碳城市建设需要，选择30个城市实施“公交都市”建设示范工程。

2011年11月，交通运输部印发《关于开展国家公交都市建设示范工程有关事项的通知》，指出：

（一）创建“公交都市”是贯彻落实城市公共交通优先发展战略的重要载体，是保障和改善民生的具体行动，是转变城市交通发展模式的重要抓手，是缓解治理交通拥堵的有效手段。

创建国家“公交都市”的目的是：贯彻落实国家公共交通优先发展战略，大力推进城市交通发展方式转变，加快建立以公共交通为导向的城市发展模式，保障人民群众的基本出行权利，缓解城市交通拥堵和资源环境压力，并为全国其他城市公共交通发展积累经验。

创建国家“公交都市”的中心任务是：充分调动地方政府的积极性，为推动公共交通优先发展战略的全面落实提供动力、创造经验，全面提升公共交通的服务质量和保障能力，促进城市发展与城市交通的良性互动，从根本上改变城市公共交通发展滞后和被动适应的局面。

创建国家“公交都市”的核心是：通过实施科学的规划调控、线网优化、设施建设、信息服务等措施，以及落实好资金投入、用地保障、路权优先、交通管理等政策，走出一条适合公交优先发展的新路子，不断提高公共交通系统的吸引力，降低公众出行对小汽车的依赖，从源头上调控城市交通需求总量和出行结构，提高城市交通运行效率。

（二）国家“公交都市”创建城市的建设目标：

（1）保障更有力。城市公共交通出行分担率（出行总量含机动化出行和自行车出行、不含步行，下同）年均提升2个百分点，有轨道交通的城市，公共交通出行分担率达到45%以上；没有轨道交通的城市，公共交通出行分担率达到40%以上。公交服务网络结构不断优化，初步形成公交快线、干线、支线分工明确、衔接顺畅、运营高效的公交运营网络。城市建成区公交线网密度达到3公里/平方公里以上，常住人口万人公交车保有量达到15标台以上。城乡客运基本公共服务均等化取得明显成效，城市公共交通线网覆盖城市近郊主要中心镇，城市周边20公里范围内城乡客运班线公交化改造率达到85%以上。

（2）服务更优质。城市建成区公交站点500米覆盖率达到90%以上城市，实现主城区500米上车、

5 分钟换乘。公共汽电车平均运营时速年均提升 5% 以上，公共汽电车准点率较 2010 年提高 10 个百分点以上，早晚通勤高峰时段平均满载率在 90% 以内。公共交通车辆、站场、枢纽的无障碍通行及服务设施基本完善。针对上学、购物、旅游等不同出行需求的特色公共交通服务基本到位。城市公共交通新能源车辆比例达到 5% 以上，公共交通平均能耗强度（单位车公里燃料能耗水平）下降 10% 以上。城市公共交通的乘客测评满意度达到 80% 以上。

（3）设施更完善。城市建成区内公交停车场、公交站台、候车亭等配套服务设施基本完善，城市公共汽电车进场率和主干道公共交通港湾式停靠站设置比例年均提升 5 个百分点；新建或改扩建城市主干道，公共交通港湾式停靠站设置比例达到 100%。2 万人口以上的居住小区配套建设公共交通首末站或换乘枢纽。初步建成公共交通换乘枢纽和集多种运输方式为一体的城市综合客运枢纽网络；基本形成城市轨道交通或快速公共交通网络及公共汽电车专用道网络；建成城市公共交通智能调度及监控中心、公众出行信息服务系统。城市主干道和重要交叉口公交优先通行信号设置比例达到 30% 以上。

（4）运营更安全。城市公共交通安全保障水平显著提升，行车责任事故率年均下降 1 个百分点以上，公共汽电车交通责任事故年均死亡率控制在 4.5 人 / 万标台以内。城市公共交通系统应对突发事件的应急反应能力显著提升。有轨道交通线路运营的城市，相关安全管理和应急保障制度基本完善，并落实到位。

（5）管理更规范。建立体系完整、机构精干、运转高效、行为规范的“一城一交”综合交通行政管理体制。城市公共交通相关规划体系初步形成，衔接更加顺畅。城市公共交通政策和标准规范体系基本完善，城市公共交通市场准入和退出、安全管理和应急保障、财政和土地保障、运营监管、票制票价、行业信息统计、从业人员培训等方面的基础管理制度和城市公共交通车辆技术、安全运营、信息化建设、服务质量考评等方面的标准规范体系基本形成。城市公共交通企业全部实现规模化、集约化、公司化经营；城市公共交通乘车 IC 卡使用率超过 80%；行业更加稳定，公交企业职工平均收入不低于当地社会在职人员平均收入水平。城乡客运管理政策、票制票价、服务标准等逐步理顺，城乡道路客运一体化管理格局基本形成。

2011 年 12 月，交通运输部正式启动国家“公交都市”创建试点城市申报工作，各级交通运输主管部门积极响应，城市政府高度重视，广大公交企业热切期待，各方面均表现出了极高的热情。北京等 20 个城市积极参加申报工作。这里以深圳市为例，介绍地方城市实践经验。

6.2 地方实践

1 深圳市“公交都市”建设目标及措施

2010 年 11 月，深圳市政府率先与交通运输部签署了《共建国家“公交都市”示范城市合作框架协议》，在该协议下，深圳提出了技术减碳、结构减碳、制度减碳、管理减碳以及消费者减碳五大策略，系统推进低碳、高效的交通运输体系建设。2011 年 10 月，深圳市出台了《深圳市打造国际水准公交都市五年实施方案》，提出“按照国家把深圳经济特区建设成‘一区四市’、部市共建‘公交都市’示范市框架协议有关要求以及市委市政府建设国际化城市的战略部署，以新加坡、香港等国际先进城市为标杆，加快转变交通发展方式，综合运用‘交通供给、交通需求和交通引领’三大策略，实施‘九大工程’，全面提升公共交通的‘规划—建设—运行—管理—服务—应急’的体系能力，力争用 5~10 年的时间，基本建成国际水准‘公交都市’，使快捷、安全、方便、舒适的一体化都市公交体系成为广大市民值得信赖的出行选择。”

“十二五”期间深圳计划实施九大“公交都市”建设工程：（1）在主要客流走廊实施公交路权优先、

交叉口信号优先工程建设，提高公交运行速度。（2）继续加快轨道交通建设，发展中运量快速公交，解决大客流通道上的公交需求；鼓励有关单位开行通勤班车。（3）“十二五”期间建成六大综合交通枢纽，推动对外客运交通与城市公共交通的换乘；推进大型公共建筑、活动中心、商业办公建筑、大型居住区的公交站场同步配套建设。（4）集成智能公共交通管理系统，实现公交网络智能调度和全程实时监控。（5）推进自行车道网络建设，改善自行车通行条件；结合轨道二期的建设，在轨道交通换乘点和大型公交站场布设公共自行车租赁点。（6）推进与轨道交通站配套的公交车、出租车、非机动车停放设施同步规划、同步征地、同步施工、同步建成；建立一体化的公交票价政策，推进各种公交方式的统一收费和统一结算。（7）推广应用纯电动、混合动力及天然气公交车辆，配套建设充电站、加气站等相关设施；研究出台促进新能源公交车辆使用的配套政策和措施。（8）加快建设公交社区示范区，推进公交社区服务示范区建设，全面提升社区公交服务水平。（9）结合轨道交通建设进程，逐步、适度调整小汽车的拥有和使用政策，推动低碳出行。

2 深圳市“公交都市”建设进展

2011 年深圳先后出台了《深圳市城市交通白皮书》、《深圳市打造国际水准公交都市五年实施方案》等重要政策文件，加大财政资金投入，并启动了蛇口、坪山等“公交都市”示范区建设，“公交都市”建设各项工作稳步推进。2011 年深圳市公共交通日均客流量突破 900 万人次，其中地铁日均客流量达 186 万人次。原特区外 500 米公交站点覆盖率由 81% 提高至 85%，公交机动化分担率由 46% 提高至 53%，公交投诉同比下降 18.5%。全市全年新开通、调整公交线路 193 条，新增、更新公交运力 3493 辆，新建了 619 座新一代公交候车亭，全年新增公交专用道 329 公里；城市轨道交通二期工程的 5 条线路全线开通，深圳迈进了“轨道交通网络化运营时代”；同步规划实施了 130 条公交接驳线路，全市 589 条既有线路均可在 100 米范围内实现与轨道站点的接驳，全市 69% 的建成区可直达轨道站点。

交通规划方面，深圳市完成了“十二五”综合交通、路网、物流、公共交通、智能交通发展规划，以及宝安、龙岗、光明、坪山交通运输“十二五”规划的编制工作；制定了交通物流“十二五”规划纲要，出台 12 大行动共计 68 项措施，建立了由 287 个项目组成的项目库；完成了《深圳市城市交通白皮书》、《深圳市关于进一步转变交通发展方式加大力度缓解交通拥堵工作的意见》和《深圳市停车发展政策及实施方案》等交通发展政策研究。

交通设施方面，深中通道等对外通道加快推进；丹平快速一期等工程建成通车；北环大道等一批城市主干道提升改造工程顺利完成；打通 33 条断头路；与地铁二期工程配套的 31 条地铁施工占用道路、18 条新建改造道路、与地铁接驳的 27 个公交站场、13 个雨篷连廊和 8 个人行过街设施建设全面按时保质完成。

6.3 工作重点

2011 年 12 月 31 日，李盛霖部长在 2012 年全国交通运输工作会议上对国家“公交都市”创建工作提出了要求。交通运输部道路运输司及交通运输部科学研究院积极开展理论研究、专题研讨、方案制定等相关工作。近期工作重点如下：

（1）开展“公交都市”建设标准和评价方法研究。结合我国不同类型城市发展实际情况，研究制定国家“公交都市”建设标准及具体目标，以及“公交都市”建设示范工程的考评指标、配套保障措施等内容。

（2）开展“公交都市”建设年度实施方案研究。研究提出“公交都市”建设年度实施方案编制指南，用以指导各试点城市结合自身情况提出具体建设目标，编制年度实施方案，为“公交都市”建设各项工作有序推进提供技术支撑。

(3) 加强试点城市“公交都市”建设动态监督管理办法研究。交通运输部研究制定国家“公交都市”建设示范工程绩效考评制度，组织考评小组对试点城市实施情况进行动态监督和考评。各试点城市及省级交通运输主管部门应研究制定示范工程实施年度报告审查制度。各试点城市交通运输主管部门定期对国家“公交都市”示范工程建设进展情况进行总结，并编写年度进展报告，经省级交通运输主管部门审核后报交通运输部。年度报告主要内容包括：年度公共交通发展状况、存在问题及解决措施；年度计划落实情况、当年重大公共交通基础设施建设情况；预算资金投入和融资落实情况；以及对下一年度试点工程建设的设想和改进意见等。

(4) 着手开展国家“公交都市”验收办法研究。研究提出“公交都市”建设验收评审指标、验收办法等。各试点城市创建完成后，将根据各城市建设目标，按照“公交都市”验收办法，对各创建城市“公交都市”建设情况进行验收评审。

第七章　城乡道路客运一体化

7.1　现状

党的十六大以来，统筹城乡协调发展已经上升为国家战略，《国民经济和社会发展第十二个五年规划纲要》中明确提出“统筹城乡发展，积极稳妥推进城镇化，加快推进社会主义新农村建设，促进区域良性互动、协调发展”的要求。交通运输部接手指导城市客运职能以来，从理顺体制、加快立法进程、完善标准体系、加大政策支持等多方面，积极推进了城乡道路客运一体化发展的进程。总体来看，我国城乡道路客运一体化发展的外部政策环境正在逐步改善，城乡客运服务水平不断提高，取得了明显成效：

一是农村客运通达深度不断提高。截至 2011 年年底，全国农村公路总里程达到 356.4 万公里、车辆 35.7 万辆，农村客运站达到 21.1 万个，同比增长 10.7%；农村客运线路 9.1 万条、年平均日发班次 111.7 万班次 / 日，同比分别增长 3.1% 和 1.6%；全国乡镇、建制村通客运班车率分别达到 98.1% 和 91.3%，同比分别增长 0.1% 和 1.2%，农村客运交通条件得到进一步改善，农村群众出行更加便利。

二是城乡道路客运一体化不断推进。2011 年 9 月 13 日，交通运输部发布《关于积极推进城乡道路客运一体化发展的意见》，16 日在江苏省溧阳市召开了推进城乡道路客运一体化发展现场会，并编制了全国推进城乡道路客运一体化发展经验交流汇编和地方政策法规汇编，为各省（区、市）交通运输主管部门的相关工作提供了参考。来自全国 20 多个省份的交通运输部门代表以及部分地区政府部门负责人出席会议并进行了经验交流。

7.2　地方实践

①　城乡道路客运一体化发展的典型模式

近年来，各地纷纷制定了关于推进城乡道路客运一体化的相关政策法规，积极开展试点，探索城乡道路客运一体化的发展模式，取得了显著成效。

（1）城乡公交全区域覆盖模式。城乡公交全区域覆盖模式是指城市市域范围内全部实现了公交运营，如北京、上海、深圳等。

（2）城际客运公交化运营模式。城际客运公交实现了不同城市间公共交通对接，如江浙沪毗邻地区、郑州与周边城市、杭州至湖州、广州至佛山，苏州与无锡、西安与咸阳等，开通了多条城际客运公交化运营线路，服务沿途群众的出行需要。

专栏 7-1　广佛城际巴士

从 2008 年开始，广佛两地公路客运班车实施公交化改造试点。针对广佛两地群众出行特征，开通点到点的城际直达快巴、沿途停靠公交站亭的“公交化”运行的城巴和常规公交车共三种运输旅客方式。“公交化”运行的城巴可在两地一些公交站牌停靠，按大站快车模式运行，运价由两地物价部门确定，实行分段计费、阶梯票价，其他仍按公路客运进行管理。原有公交线路通过向对方延伸的方式，实现互联互通。目前，广佛两地开行了28条毗邻公交线路、41条城巴和快巴，共821台车辆运行，日均客运量达21万人次。

在广佛城际公交模式中，将毗邻市毗邻镇的客运线路许可权下放给两地交通运输主管部门，大力推进毗邻跨市公交互联互通。当前珠三角各地共开通了25条跨市公交线路，运营车辆393台，日均客运量近12.7万人次。同时，在城乡结合部大力发展地铁接驳专线、社区穿梭巴、城乡结合部中小巴线路，并通过直达公交线路、大站快车线路、地铁与公交无缝衔接，城乡公交服务网络不断完善，改善了城乡结合部及城市外围区公交出行，构建形成方便快捷的城乡客运网络，有效推进了基本公共服务均等化。

（3）镇村公交模式。镇村公交模式是指构建“镇—村”一体化的公交网络，路修到哪里、公交车通到哪里、候车站亭建到哪里，实行了镇到村、村到村的镇村公交。目前，江苏、河北、天津、山西、山东、浙江、四川、湖南、陕西等省份稳步推进农村客运线路公交化改造。

专栏7-2　山东邹平镇村公交

邹平市按照“统一规划、分步实施，整体推进、分级负责”的思路，基本建立起了覆盖全区的三级公交网络：一级城区公交网，二级中心城区至乡镇，三级乡镇驻地至行政村，真正做到了让利于民，惠泽民生。

邹平市城乡公交一体化工程实施以来，取得了明显的社会效果，基本上形成了**“五个一体化”**的格局：**线路一体化。**公交线路按照整体规划、因地制宜、先急后缓、方案择优的原则，统一编制邹平县公交线网总体规划；**站场一体化。**统一公交资源配置，城区以汽车总站为中心，镇办以各基层交通运输所为依托，在全县设置了十六个镇办公交客运站，实现了城乡公交三级网络的无缝对接；**车型一体化。**按照“公车公营”的经营体制，公交公司统一车辆配置、车辆管理，统一购置低碳、环保、节能的LNG空调车，确保公交车辆的舒适、安全、快捷，提升群众出行品质；**票价一体化。**所有城区一级公交网无论距离远近票价均为1元，运行距离最长单程21公里；二级公交网票价2元，运行距离最长单程40公里，平均单程30公里；三级公交网票价1元；使用IC卡乘车的65周岁以上老人全部免费，学生乘车票价8折，残疾人乘车票价5折，惠及人口80余万人；**刷卡一体化。**所有公交线路上全面推广使用公交IC卡结算系统。公交车辆全部安装刷卡机，实行无人售票，刷卡乘车，并享受各种优惠政策。广大村民充分享受到与市民同等的乘车优惠，出行条件大为改观，群众出家门、上车门、进城门、入厂门，出门乘公交已经成为群众出行的首选。

（4）混合型发展模式。混合型发展模式是指“城市公交和农村客运线路融合模式”，如重庆、长沙、长春、厦门、成都等大部分中心城市和中等城市。

专栏7-3　成都双流县公交

成都双流县为了切实让城乡群众共享改革发展的成果，最大限度地满足群众对出行的舒适性、便捷性、安全性要求，2008年2月，县域内启动了公交“一元通”惠民工程，城乡群众乘车每趟次只需1元钱的模式在全省县级行政区首开先河。双流县以县财政补贴作保障，开行线路26条，投放车辆377辆，总里程达到1548公里，最远单边里程达到38公里，覆盖了25个镇（街道），惠及95万城乡群众。2011年以来，双流县通过“四个环节”进一步深化和完善了公交“一元通”惠民举措。一是把实施公交“一元通”的公交企业的补贴纳人县财政预算。二是对公交化改造后的线路成熟一条开行一条，并纳人公交“一元通”补贴范围。三是对跨区域的公交和班线客运仍维持原有的梯形票价政策，县域内实行“一元通”，出双流境外执行原有票价，既保证了县域群众出行享受惠民政策，又不影响其他县（区、市）的正常运营秩序。四是加强了对服务质量的监管，制定了公交班线应班率和准点率考核办法，加大了对投诉案件的处理力度，并将“一元通”财政补贴与企业服务质量挂钩，做到有奖有惩、赏罚分明，全力塑造城乡一体的农村客运新品牌。

② 管理经验总结

（1）**建立领导协调机制。**城市政府成立了由政府分管领导任组长，交通、财政、公安等相关部门的主要负责人为成员的领导机构，形成了统一领导、分工协作、齐抓共管的工作机制。领导机制的形成对各项政策都给予了倾斜和大力支持，极大地加快了城乡道路客运一体化的推进。

专栏 7-4　城乡道路客运一体化管理经验——建立领导协调机制

宁夏回族自治区中卫市按照宁夏回族自治区人民政府民生工程的总体部署，各市县政府成立了由政府分管领导任组长、相关部门负责人为成员的发展城乡客运工作议事协调机构。中卫市将发展城乡公交客运工作纳人对分管副市长的月度考核，并将考核情况向社会公布，形成了政府主要领导亲自抓，分管领导具体抓的责任机制，强化地方政府对农村客运发展工作的重视。

（2）**落实优惠扶持政策。**各地积极给予政策、经济、资源等方面的倾斜和扶持，推进城乡公交持续稳定发展，逐步将城乡公交纳人公交优先范畴，由此带动城乡公交发展，切实解决农村客运“开得起、留得住”的问题。

一是落实城乡道路客运一体化发展政策。各地各级交通运输主管部门为加快城乡道路客运一体化的快速发展，制定了相关的文件，将农村客运纳人了当地经济社会发展的总体规划，并根据当地实际给予了各种扶持政策，极大地调动了经营者的积极性，促进了城乡道路客运一体化的发展。

专栏 7-5　城乡道路客运一体化管理经验——落实城乡道路客运一体化发展政策

江苏省：2006 年江苏省交通运输厅提请省政府出台了《关于加快道路运输业发展若干意见》，在全国率先实施农村客运税费减免等政策。2009 年，提请省政府出台了《关于加强铁路综合客运枢纽建设的意见》，2010 年提请省政府出台了《关于加快推进江苏省城乡客运统筹发展的意见》，对规划衔接、财政投人、投放车型等提出了要求、明确了政策。省政府召开了城乡道路客运一体化发展工作会议，在会上作了专题动员部署。2011 年，江苏省交通运输厅制定了《江苏省镇村公交发展实施办法》，明确了镇村公交内涵、建设要求、计划管理、奖励标准、考核监督等内容。

吉林省：根据客运市场发展情况，多次出台文件，科学引导城乡道路客运一体化发展。2004 年制定了《关于城乡道路客运一体化发展的意见》，提出了城乡道路客运一体化和农村客运发展的五年发展目标，加快农村客运站点建设，制定了统一的客运站点标志牌及停靠站牌样式。2009 年初印发了《关于大力推进全省城乡道路客运一体化的工作方案》，在试点成果的基础上，调整了城乡道路客运一体化和农村客运发展目标，确定了五至十年的发展方向。

二是制定公交财政扶持政策。地方政府将城乡道路客运一体化资金纳入公共财政体系，制定出台了城乡公交企业购车补助、优惠票价补助、车辆购置财政贴息等地方扶持政策，使当地群众不仅享受到了城乡公交的便捷，还享受到了与城市公交相同的优惠票价标准，有力地促进了城乡公共服务的均等化发展。

2011 年，中央财政根据《城乡道路客运成品油价格补助专项资金管理暂行办法》，对城市公交和农村客运的油价补贴资金达到 418.8 亿元，其中，农村客运油价补助专项资金 79 亿元，有力地推进了城乡客运公共服务的均等化，促进了农村客运的发展。

专栏 7-6　城乡道路客运一体化管理经验——制定公交财政扶持政策

浙江省嘉兴市在 2009 年税费改革前，对城乡公交车辆给予 50% ~ 100% 免征养路费和客运附加费的扶持政策。2009 年以后，对集约化经营的城乡公交企业实行“三补一奖”的财政政策，即：政策性亏损政府全额补贴，购置新车政府补贴 2/3，科技信息化改造政府补贴 12%，同时对企业增收按照年增收额的 50% 标准进行奖励。在此政策下，2010 年嘉兴市对市区 220 辆城乡公交的财政补贴额达到 3900 万元。

江苏南京江宁区为使镇村公交“开得出、留得住、有发展”，政府对发展镇村公交给予了大力扶持。从 2009 年 9 月开始，对车辆购置更新补贴政策：空调车每辆 10 万元、普通车每辆 6 万元、镇村公交车按车价的 50% 给予补助；从 2008 年起连续 3 年公交企业职工增资幅度不低于 20%，财政对增资部分给予 40% 补贴；镇村公交车辆营运亏损按每年 5.585 万元标准定额补助，解决了镇村公交营运企业的后顾之忧。

三是土地优先政策。各级政府通过明确公交站场的公益性质，保障建设用地优先，对新建道路将其公交站场建设纳入工程规划设计之中，建设资金列入工程建设资金计划，公交站场与公路建设同步设计、同步建设、同步验收。

专栏 7-7　城乡道路客运一体化管理经验——实施土地优先政策

江苏省溧阳市为使农村公交“开得出、开得好、留得住”，按照“多予少取、让利于民”的原则，出台了《镇村公交实施方案》，在农村客运站点的规划布局、建设用地、配套资金等方面制定了一系列优惠扶持政策。在站场建设方面，将公交枢纽站、换乘站、港湾式停靠站、沿线停靠站、终点回车场等五类站场，纳入市镇两级规划和预算，并优先安排建设用地。

（3）加大基础设施的投入。加大对城乡客运基础设施的投入，从改善基础设施条件入手，一是大力改善农村公路的通行条件，为城乡道路客运一体化发展提供了良好的基础条件；二是加强城乡客运站点建设；三是强化城乡道路客运基础设施的管理，提高基础设施的使用效率。

专栏 7-8　城乡道路客运一体化管理经验——加大基础设施的投入

山东烟台龙口市在全力抓好城乡客运主业发展的同时，也不断加强站场等配套服务设施的建设。目前全市共建设城乡客运站棚牌 600 余个，并随着形势的发展不断进行升级换代。2009 年开始引进了电子站牌；2010、2011 连续两年投资 400 多万元对重点路段的公交站点建设进行了升级改造，建设了 30 余处港湾站，配套建设了豪华站棚（牌），在为群众提供良好候车条件的同时，也有效提升了港城龙口的品位和形象。

湖北省按照农村候车亭补助 1 万元、招呼站补助 500 元的标准，继续加大农村客运站点建设，并探索了"谁用谁建谁管"、"以站养站、租养结合"等农村客运站亭维护管理长效机制。"十一五"期间累计建成农村五级客运站 501 个，候车亭 9655 个、招呼站 17270 个，实现了全省行政村 100% 建有候车亭、招呼站，并在仙洪试验区、武汉城市圈设置 2500 个新型招呼牌，使单一功能的招呼站成为集客运信息牌、公路标志牌、行车指示牌为一体的多功能服务站。

（4）**积极开展一体化试点工作**。由于城市的经济发展水平、人口密度、地理条件等差异较大，农村客运也呈现出发展的差异化、模式的多元化等特点。因此，坚持因地制宜、分类指导，根据不同的基础条件，确定典型代表性的地区为试点，建立因地制宜的发展模式，在此基础上总结推广经验，实现分类指导，有益于城乡道路客运一体化的健康发展。

专栏 7-9　城乡道路客运一体化管理经验——积极开展一体化试点工作

四川省确定了元坝、仪陇、郫县、江油、罗江、名山、通江、汶川、南溪、双流等 10 个具有典型代表性的地区作为试点，先后摸索出江油和罗江农村客运公交化运行模式，宜宾市南溪县的站、运一体化管理模式，南充市仪陇县的农村客运片区运行模式，双流、元坝、郫县的城乡一体化发展模式，汶川县的个体经营者公司化管理模式，元坝的农村公路建设与乡镇站建设和农村客运发展同步规划、同步设计、同步建设、同步投人使用的"四同步"模式等一系列发展和管理的新方法。

新疆维吾尔自治区哈密地委、行署及兵团农十三师的支持下，哈密市的13路公交车延伸到红星一场，通过采取"公交下乡"的方式，哈密市至红星一场城乡道路客运一体化工作顺利完成。新疆维吾尔自治区巴音郭楞蒙古自治州（简称巴州）运管局首先在轮台县试点农村客运班线公交化改造，将农村班线车辆按照公交模式运营，在取得成功经验后，迅速在全州推广，广大农牧民坐上了安全车、经济车。

2011 年国家和部分省份又相继发布了有关的城市客运一体化政策法规，法规名称见表 7-1。

2011 年全国推进城乡道路客运一体化政策法规汇编表　　表 7-1

地区	政策法规
国家	《关于积极推进城乡道路客运一体化发展的意见》（交运发〔2011〕490 号）
山西	《推进城乡道路客运一体化试点工作实施方案》
	《关于积极推进农村客运公交化改造的指导意见》
江苏	《江苏省镇村公交发展实施办法》
	《关于加快促进全省道路客运业转型升级的指导意见》
	《泗洪县镇村公交运营实施办法（试行）》
浙江	《嘉兴市进一步完善市区城乡公交财政补贴的若干政策意见》
福建	《福建省农村公路客运车辆安全通行条件（试行）》
广东	《广东省农村客运站亭推荐设计方案》
西藏	《关于扶持农村客运发展的意见》
	《关于扶持农村客运发展的意见》实施细则（试行）

7.3 工作重点

按照《关于积极推进城乡道路客运一体化发展的意见》要求，城乡道路客运一体化工作重点为：

（一）加快完善城乡道路客运一体化法规和标准规范体系。

加快建立以《道路运输条例》、《城市公共交通条例》为龙头，以部颁规章为基础，以地方性法规为补充的城乡道路客运法规体系，为城乡道路客运科学发展提供法规保障。省级交通运输主管部门应加快完善城乡道路客运法规体系，特别是加快制定或完善城市公共交通的地方性法规，解决城市公共交通管理无法可依的问题，并完善城乡道路客运一体化标准规范体系，实现城乡道路客运服务的有效衔接。

城市公共交通线路延伸的管理按照城市公共交通管理的相关法律法规和标准规范实施；公交化运行的城际客运和农村客运管理按照道路客运相关的法律法规和标准规范实施；对政府支持力度较大、推行“镇村公交”的线路管理，可参照城市公共交通管理的相关法律法规和标准规范实施。

（二）加快建设城乡道路客运服务保障网络。

（1）加强规划统筹，优化资源配置。科学制定城乡道路客运一体化发展规划，打破部门、区域和行业分割，统筹规划城乡道路客运服务设施和运营线路，合理调控城乡道路客运资源。坚持“无缝衔接、方便换乘”的原则，充分利用城市公共交通、城际客运和农村客运的各种站点设施，统一规划功能层次合理的换乘枢纽和城际、城市、城乡、镇村四级客运网络，优化城乡道路客运网络衔接。交通运输部门要主动协调政府有关部门，将城乡道路客运站场建设纳入本级城镇体系或城乡总体规划，并同步编制、修编和实施。

（2）加强城乡道路客运枢纽站场建设。争取当地政府和有关部门支持，将城乡道路客运枢纽站场作为重要基础设施，推动国家、区域性、集散性公路运输枢纽站场建设，完善建设标准，增强资金和土地保障，引导形成与城镇布局相协调、方便群众安全便捷出行的城乡道路客运枢纽站场网络。

（3）推进城市公共交通和城市周边短途班线客运的融合。根据城乡毗邻地区居民出行需求特点，充分考虑城市公共交通与城市周边短途客运班线的服务差异，明晰各自功能和服务范围，完善体制机制，逐步消除同一条线路城市公共交通和短途班线客运并存和不平等竞争的现象。争取政府和有关部门支持，逐步统一公交化运行的农村客运与城市公共交通在税费、补贴等方面的政策，实现服务标准和政策保障的有效衔接。

（三）加快推进道路客运经营结构调整。

（1）引导毗邻地区客运班线公交化改造。建立和完善跨区域的城际客运协调机制和联合审批机制，探索并完善城际客运公交化运行的管理机制和运营模式。在客运量大、距离较近的毗邻城市间可以借鉴城市公交的运营服务方式，对客运班线运营实行公交化改造，方便群众出行，有效覆盖沿途乡镇，逐步实现客运线网的跨市、跨区融合。通过实行股份制、企业收购等手段整合经营主体，并保护好既有经营者的合法权益。对群众出行需求大的毗邻县间跨省线路进行公交化改造，原则上实行“一线一审”，为运力投入和运营调度提供方便。具体审批办法由相关省份交通运输主管部门协商确定。

（2）统筹城乡道路客运经营结构调整。鼓励和引导城乡道路客运经营主体以资产为纽带实施公司化改造，建立健全现代企业制度，加强规范化、规模化运营，提高发展质量。整合城际客运经营主体，引导成立城际客运线路公司。打破地域壁垒，积极引入规模、资金、管理、服务有优势的企业投资经营城乡道路客运，有条件的地区可积极推进城市公共交通、短途班线客运经营主体的统一，优化资源配置，培育骨干运输企业和城乡道路客运一体化服务品牌，形成区域内业务整合、服务统一、组织集约、竞争有序的格局。完善城乡道路客运的质量信誉考核体系，引导企业提升服务质量、承担社会责任。

（四）加强城乡道路客运安全管理。

完善城际客运公交化运行安全管理措施。联合有关部门，加快完善城际客运班线公交化运行的线路长度、车辆标准、安全监管、站点设置、服务质量考评、运营市场管理等方面的制度、标准和规范，为客运班线公交化运行提供基础支撑。严格车辆技术标准审查，运营车辆应安装符合标准的卫星定位车载终端和视频监控设备，并缴纳法定保险；进一步明确安全监管责任，落实属地道路运输管理机构安全源头监管职责，落实企业安全生产主体责任，督促相关经营者切实加强对所属车辆、驾驶员和乘务员的管理。

（五）建立科学合理的城乡道路客运票制票价体系。

城市公共交通实行成本定价，各级交通运输部门要积极会同价格部门，综合考虑社会承受能力、企业运营成本和交通供求状况，完善价格形成机制，并根据服务质量、运输距离以及公共交通方式间的换乘等因素，建立多层次、差别化的价格体系；结合公共财政补贴补偿情况，研究建立城市公共交通低票价政策，增强公共交通吸引力。城际客运和农村客运票制票价按照《道路运输价格管理规定》和《汽车运价规则》的规定执行，对公交化运行的城际客运和农村客运，可结合地方公共财政补贴情况，实施特定的票价优惠政策，但不宜实行过低票价。

第八章　城市轨道交通运营安全

8.1　现状

城市轨道交通是为人民群众提供普遍出行服务的重要基础设施，已成为居民出行的重要方式。近年来随着北京奥运会、上海世博会、广州亚运会、深圳世界大学生运动会等国内外大型活动、赛事的举办，城市轨道交通作为特大城市客运骨干的作用日益凸显。加强城市轨道交通管理，确保运营安全，是城市轨道交通快速发展态势下的重要任务。

一、进一步加强运营管理

2011 年 5 月，为进一步落实指导城市轨道交通运营管理工作，强化城市轨道交通运营安全，交通运输部下发了《关于加强城市轨道交通运营管理的通知》（交运发〔2011〕236 号）（以下简称《通知》），要求各级城市轨道交通主管部门充分认识加强城市轨道交通运营管理的重要意义，加强安全管理、保障运营安全、强化运输组织、提升服务质量，并要求严把城市轨道交通试运营管理关口，组织开展城市轨道交通安全隐患专项排查治理活动，消除安全隐患，预防各类城市轨道交通运营事故。

同时，为落实《通知》加强对城市轨道交通运营行业管理、严把试运营基本条件关、严把运营安全评价关的要求，交通运输部组织开展了《城市轨道交通试运营基本条件》、《城市轨道交通运营管理规范》两项国家标准的编制工作。通过城市轨道交通试运营基本条件评审，对载客运营条件进行科学评价，强化对试运营环节的监督把关，防止试运营基本条件评审走过场，防止条件不具备仓促上马运营，保障城市轨道交通运营安全。

二、加强中介组织建设

为促进城市轨道交通安全高效运营，提高运营管理水平，在交通运输部的支持和指导下，交通运输部科学研究院、北京市地铁运营有限公司、上海申通地铁集团运营有限公司和广州市地下铁道总公司联合发起申请，筹备中国轨道交通协会运营管理专业委员会，以建立城市轨道交通运营管理行业交流和辅助决策支持平台。

三、强化安全监督检查

为增强全国城市轨道交通行业的安全责任意识，健全安全管理制度，系统排查和整治安全隐患，切实加强规划实施、项目建设、线路运营全过程的安全工作，交通运输部、国家发改委及住建部联合下发《关于开展城市轨道交通安全检查的通知》，于 2011 年 9 月至 10 月，针对全国城市轨道交通在建项目和运营线路共同开展安全检查，排查安全管理薄弱环节和潜在隐患，切实加强城市轨道交通安全管理。

8.2　地方实践

1　北京

北京是国内最早开通城市轨道交通的城市，有近 40 年运营历史和安全管理经验。近年来，随着城市轨道交通的网络化发展，北京对确保城市轨道交通运营安全提出了更高的要求，在运营安全保障方面进行了积极实践和探索。

（1）加强安全检查与隐患排查。北京市相关部门定期组织对北京地铁重点车站开展安全检查。同时，运营企业强化公司内部管理，完善、优化有关规章制度、检修流程和作业程序；展开城市轨道交通设施设备的定期隐患排查，重点整治多发故障、惯性故障；加强设备状态监控，及时掌握运营车辆、设备设施的质量状态。做到提前发现、提前处置，降低运营中发生故障的风险，保证城市轨道交通运营安全。

（2）增设安全提醒标识。为应对不断增长的城市客流，营造安全乘车环境，北京城市轨道交通运营线路增设安装安全提醒标识，在240部扶梯醒目位置加装安全警示标识，并在1050余台自动扶梯上（下）端护栏内，加装语音提示装置，通过反复播放宣传提示，增强乘客安全意识。同时制作、播放乘客应急自救知识宣传片，通过播出安全生产和消防安全提示、应急自救知识宣传片等形式，向社会公众宣传安全知识，提高安全防范意识，预防各类事故的发生。

（3）改善乘车环境。通过对城市轨道交通全线屏蔽门加装防挡夹板、在站台上安装防踏空胶条等举措改善候车环境。同时，针对换乘通道、扶梯、站台、闸机等重点位置强化值守、巡视，监视客流状况，随时疏导，按照预案在客流急剧增长、影响乘客安全和运营安全情况下及时采取有效应对措施，保证运营安全。

2 上海

（1）严格执行地铁安检制度。上海市通过技防和人防等手段，严格实行地铁安检制度，强化城市轨道交通运营安全。技防主要以大包必查，小包抽查为原则，利用安检门、X光安检机、手探和摄像探头对城市轨道交通系统进行全程覆盖；人防主要通过民警逢疑必查、防暴犬巡逻、地铁保安执勤等进行安全防范，并发动群众自发担任安全防范员，杜绝安全隐患。

（2）倡导地铁安全志愿者服务。上海市大力开展地铁安全志愿者服务活动，采取多种举措促进安全。一是安全志愿者服务的重点工作内容由文明乘车转向安全乘车，主要宣传和倡导安全乘坐地铁，发现有安全隐患及时进行劝阻和反映。二是将服务区域前移至车厢。及时发现和劝阻地铁车厢内不安全、不文明现象，尤其针对行车过程中的突发事故，安全志愿者能够配合运营单位保障疏散安全。

（3）风险管理持续改进。上海市借鉴香港地铁做法，建立持续改进风险管理流程，将所有影响到运营安全及服务的潜在危害进行识别、评价、控制、记录、确认、审核，持续监查并不断改善，将责任落实到人。

（4）强化重点岗位人员安全意识。上海地铁通过强化重点岗位人员安全意识、操作技能及相关管理规定方面的培训，完善各类应急预案，细化和明确作业办法和操作要求，积极开展演练和考核，保障路网运营安全。

8.3　工作重点

城市轨道交通具有客流量大、空间有限、封闭运行等特点，一旦发生事故，救援和疏散难度极大，极易造成重大人员伤亡，造成重大政治和社会影响。在运营前和运营过程中，要从完善安全管理制度入手，紧盯涉及安全的关键环节、关键岗位、关键设备，建立城市轨道交通运营安全长效机制，真正提高城市轨道交通运营安全管理水平。应重点做好以下工作：

一是加强安全管理。加强安全管理，保障运营安全，要坚持安全第一、预防为主、综合治理的方针。切实落实运营安全主体责任，建立健全安全生产管理机构；建立和完善设备质量安全隐患登记、整改和跟踪管理制度，加强设施设备的状态监测和维护检修；严格按照城市轨道交通试运营基本条件评审的有关要求，组织开展试运营评审活动，评审不合格的线路一律不得开通试运营，强化对试运营环节的监督把关；严把运营安全评价关，开展安全评价与安全认证工作。

二是强化运输组织。强化运输组织，要规范运营服务，加快城市轨道交通运营法规体系建设；加强从业人员培训和管理，严把从业人员资格关；建立各级信息报告制度，保证信息畅通。

三是开展专项排查。通过建立健全安全检查制度，定期开展城市轨道交通安全隐患专项排查治理活动，消除安全隐患，预防各类城市轨道交通运营事故，保证运营安全。

第九章　城市客运信息化建设

9.1 现状

2011 年，交通运输部、国家标准化管理委员会制定颁布了《交通运输“十二五”发展规划》、《公路水路交通运输信息化“十二五”发展规划》、《公路水路交通运输信息化“十二五”发展规划推进方案》以及国家标准《城市公共交通调度车载信息终端》等一系列规划和标准推动城市客运信息化的发展。

2011 年 4 月交通运输部发布的《公路水路交通信息化“十二五”发展规划》在“建设重点”中，明确提出“开展重点领域示范试点工程建设”，并将“城市客运智能化应用示范工程”列为三个开展示范试点工程建设的重点领域之一：

——试点开展城市出租汽车服务管理信息系统建设，更新改造出租汽车智能化载终端设备，整合建设出租汽车电召服务和监控指挥中心，实现电召服务、监控调度、市场监管、运行分析等功能，提升出租汽车行业管理水平和服务水平，缓解道路拥堵，降低能源消耗，减少尾气排放，并适时在地市级以上城市逐步推广应用。

——推广城市公共交通智能系统建设，开展城市公交与轨道交通智能调度与管理、动态停车诱导等智能化系统的示范建设与推广应用；大力推广普及城市公交“一卡通”，在有条件的区域，积极推进跨市域公交“一卡通”的互联互通，提升城市公共交通的协同运行效率和服务能力，提高公交出行分担率，缓解城市交通拥堵。

2011 年 12 月交通运输部发布的《公路水路交通运输信息化“十二五”发展规划推进方案》中，进一步明确了“城市客运智能化应用试点示范工程”的建设内容和推进策略等。

9.2 地方实践

1 城市出租汽车服务管理信息系统试点工程

2011 年 1 月，交通运输部下发了《关于以方案比选方式选择城市出租汽车服务管理信息系统试点工程承担单位的通知》（厅规划字（〔2011〕7 号）；2011 年 4 月份，通过方案比选确定了 15 个城市作为试点工程承担单位，下发了试点工程建设方案（代工可）的批复。2011 年 4 月 8 日，交通运输部印发了《关于印发〈城市出租汽车服务管理信息系统试点工程总体业务功能要求（暂行）〉的通知》（厅运字（〔2011〕75 号）文件，指导各省交通运输厅完成了试点工程初步设计评审和批复工作。2011 年 7 月 5 日，全国城市出租汽车服务管理信息系统试点工程启动会在哈尔滨召开。2011 年 9 月，交通运输部印发了《关于做好城市出租汽车服务管理信息系统试点工程实施工作的通知》，提出加强组织领导、落实配套资金、遵循统一标准、创新体制机制、加强工程管理等要求，以保证试点工程质量和进度，并将《城市出租汽车服务管理信息系统试点工程总体技术要求（暂行）》作为通知附件印发。

城市出租汽车服务管理系统主要包括“一套终端，三个中心”即车载终端、监控指挥中心、数据资源中心和电召服务中心。出租汽车信息系统具有出租汽车定位监控、电召调度、动态监管、企业在线业务管理等功能，能够增强综合监管和决策分析能力，提高出租汽车服务质量和水平，实现与部、省间互联互通与信息共享。全国各地积极响应，积极建设出租汽车服务管理系统试点工程，首批申请成功的城市共有北京、石家庄、大连、哈尔滨、泰州、杭州、宣城、潍坊、郑州、深圳、重庆、成都、昆明、西安、兰州等十五个地级以上城市。

专栏 9-1 出租汽车管理系统的七大模块

(1) **监控指挥功能**：车辆监控是城市出租汽车服务管理信息系统的重要支撑，提供GPS信息的采集、格式转换与分发服务，完成业务数据、服务评价数据的采集和上传，接收用户发送给智能服务终端的数据，响应用户的各种命令请求，提供数据库应用与存储服务，完成用户身份识别与安全控制。主要包括定位、跟踪、报警、轨迹回放、电子围栏、异动监控、投诉认定、实现车载管理终端与监控指挥中心的数据通信等功能。

(2) **信息发布功能**：信息发布功能通过GPRS/CDMA1X/3G等通信链路，实现对智能服务终端及服务评价器显示内容的管理。智能终端和服务评价器可以显示公益信息、预警、报警、路况等信息。

(3) **企业在线功能**：出租汽车服务管理信息系统的一个重要服务对象就是出租汽车营运企业。各出租汽车企业通过登录“企业在线业务管理功能模块”使得企业可以对本企业的车辆进行监控调度、查询统计等管理职能，进一步提升企业的管理与服务能力。

(4) **综合运营分析功能**：综合运行分析基于出租汽车服务管理系统建立的主题数据库，依托数据挖掘工具，通过不同的分析和算法模型进行行业热点和难点专题分析，以直观的图形和报表展现方式为行管部门提供决策参考。

(5) **电召服务功能**：主要包括出租汽车电话预约服务，为出租汽车提供路线规划、里程费用查询、失物查找、出城登记等服务，实现与公安110指挥中心接警出警系统联动，提高应急处置与救援能力。

(6) **服务质量监督考评功能**：通过构建较为完善的出租汽车企业和出租汽车驾驶员服务质量评价指标体系，建立服务质量监督考评功能，实现出租汽车驾驶员和企业服务质量信用信息的查询、分析。对出租汽车驾驶员和出租汽车企业在从业活动中的行为进行服务质量考核评价，建立基本档案，定期发布出租汽车企业和驾驶员的服务质量信息。主要包括服务质量评价体系管理、服务质量信息档案管理、服务质量评价管理、服务质量信息查询统计与公示和用户管理等功能。

(7) **动态监管稽查功能**为行业监管部门进行监管稽查提供有力的手段。应用交通运输部统一的运政系统密钥授权体系，可以确保一车一卡，一人一卡，不被克隆。使用动态稽查功能模块，发布稽查“克隆车”识别码，科学地判定假牌车、“克隆车”，有效地打击“克隆车”。

试点工程的实施将探索信息技术在加强出租汽车行业科学和规范管理、提高运输效率、保障运营安全、减少城市拥堵、促进节能减排、提升服务水平等方面发挥的作用，总结出租汽车服务管理信息系统建设模式和运行机制，并形成相关运行管理规范和服务标准，能够为今后在更多城市推广应用提供借鉴经验。

专栏 9-2 哈尔滨试点工程实践情况

哈尔滨市出租汽车服务管理信息系统建设于2010年初启动，截至2011年已经完成了监控指挥平台一期工程和近9000套出租汽车车载系统安装工作，将出租汽车管理系统的监控指挥、信息发布、企业在线、综合运营分析、服务质量监督考评、动态监管稽查六大模块的功能全面实施。哈尔滨市交通运输局坚持“高标准、可持续、适度超前、着眼于发展”的设计原则，通过组建高素质的技术团队，制定高起点的设计方案，构建高效率的协调机制，确定高标准的建设规程，打造可持续的运维模式，扎实地开展了工程建设，如图9-1、图9-2、图9-3所示。

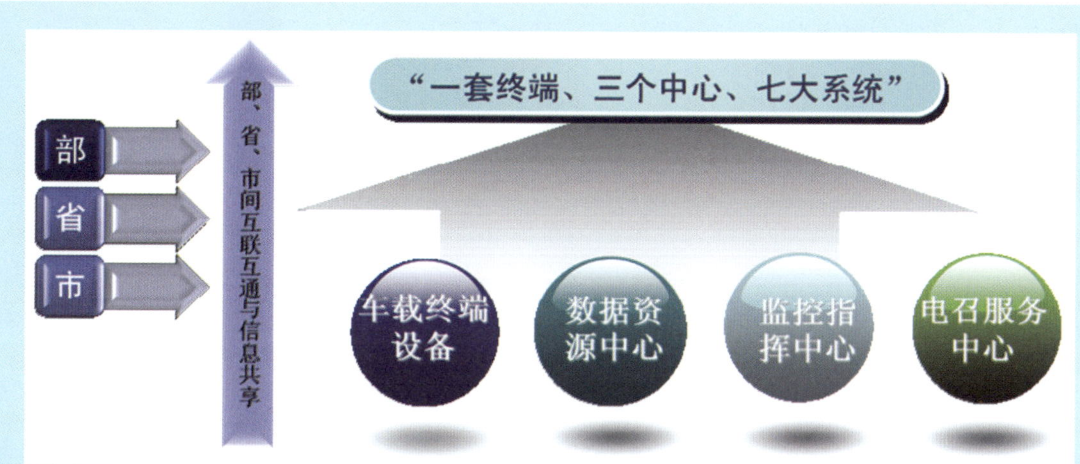

图 9-1　哈尔滨市出租汽车服务管理系统构成

图 9-2　哈尔滨市出租汽车电召服务中心

图 9-3　哈尔滨市出租汽车服务管理系统监控中心

2 公共交通 IC 卡跨市域互联互通

截至 2011 年 10 月，全国有 400 多个城市建立了不同规模的 IC 卡系统，所有的直辖市、90% 以上的省会城市以及 110 多个地级市均已实现 IC 卡系统覆盖；IC 卡累计发卡量 2 亿 2 千万张，新一代的智能 CPU 卡发卡总量已近 9 千万张。

近几年来，公共交通卡城市间互联互通应用在不断推进，长三角、珠三角地区较早的提及区域内互联互通，也在部分城市间实现了单向或双向互通；广东“岭南通”卡 2011 年底已经实现广州、佛山等省内 12 个城市的公交卡互联互通，成为目前国内规模最大的跨区域互联互通公交一卡通系统；河南商都通卡已实现郑州与开封、许昌、驻马店等周边城市开展互联互通；甘肃省兰州、白银等城市的互联互通近期也已经启动。

专栏 9-3　广东“岭南通”公交卡互联互通实践经验

“岭南通”作为广东省统一、使用方便、经济实惠的交通智能卡系统，根据广东省交通运输厅的统一部署，岭南通公司筹建以来积极推动省公交一卡通工作，截至 2011 年 8 月，岭南通卡累计发行总量约 2300 万张，消费交易量 20.9 亿笔，消费金额约 35.8 亿元，其中跨区域消费 8283.5 万笔，跨区消费金额达 1.9 亿元，系统内消费设备装机超过 60000 台，充值点超过 5000 个，合作运营商约 1200 家，持卡消费日刷卡量超过 740 万人次，跨区域消费日刷卡量超过 31 万人次，应用已经覆盖广东省广州、佛山、肇庆、汕尾、江门、惠州等市的公共汽（电）车、轮渡、出租车、地铁、公共自行车、路边咪表和停车场，并拓展到连锁便利店、超市、自动售货机等小额消费领域，成为“一卡在手，全省通行”的多功能电子支付媒介。

2011 年 4 月 6 日，“岭南通”已经在广州、佛山、肇庆、江门、汕尾、惠州等六个城市实现互通，使用“岭南通”乘坐公交可享受当地的优惠政策，如图 9-4 所示。

图 9-4　广东“岭南通”

2011 年 8 月 23 日，广东岭南通股份有限公司和香港八达通卡有限公司代表正式签订《岭南通 · 八达通联名卡发行合作框架协议》，如图 9-5 所示。

图 9-5　岭南通·八达通联名卡

专栏 9-4　河南商都通卡互联互通实践经验

2010 年，为加快省内城市间实现公共交通领域互联互通的进程，在河南省公交协会的倡议下，各地市共同成立了公交行业互联互通联盟，成员加入联盟签订协议，共同推进互联互通的项目实施。

2010 年 10 月，河南省公交各理事单位以及郑州公交总公司等已经制定了《河南省公交互联互通应用白皮书》，成立“互联互通密钥建设管理小组”，推进河南省公交理事单位统一密钥，统一标准，共同管理，为真正实现河南省内公共交通领域的互联互通提供服务。

为保障异地交易数据能够及时有效地进行结算，河南省公交协会已经建立了省级清算中心，制定互联互通清分清算机制，负责所有跨城市及跨区域间的数据交换清算，不干涉各地现有清算体系。

2011 年 1 月 18 日，郑州开封两市“郑汴公交一卡通”正式启用，即郑州所有含电子钱包的公交卡都可以在开封刷卡乘车；开封所有公交卡也都可以在郑州消费。在郑汴互通后 2 个多月里，郑州卡在开封消费 83450.70 元，开封卡在郑州消费 44194.40 元。2 月份郑州卡日均在开封消费 1200 元，1800 人次（含 290 人次免费老年卡），开封卡在郑州消费 540 元，1100 人次（含 460 人次免费老年卡），如图 9-6 所示。

郑汴公交卡互通不仅是惠民工程，受到市民的认可，也带来了两地公交发卡量的增加，以郑州公交为例，2010 年同期发卡量为 4.9 万张，2011 年发卡量为 6.5 万张。

图 9-6　郑汴公交一卡通开通仪式

9.3 工作重点

2012 年是落实完成“十二五”城市客运信息化建设任务的关键一年，要积极贯彻落实国家和行业政策措施，立足于城市客运信息化建设，切实推进城市客运信息化建设项目持续深入，为实现国家和行业“十二五”城市客运信息化的建设目标奠定基础。近期工作重点如下：

一、继续推进城市客运信息化建设试点工作

依据《公路水路交通信息化“十二五”发展规划》和《交通运输“十二五”发展规划》对城市客运信息化的规划，继续推进城市客运信息化建设，推广城市公共交通智能系统建设，开展城市公交与轨道交通智能调度与管理、动态停车诱导等智能化系统的示范建设与推广应用；大力推广普及城市公交“一卡通”，在有条件的区域，积极推进跨市域公交“一卡通”的互联互通，提升城市公共交通的协同运行效率和服务能力，提高公交出行分担率，缓解城市交通拥堵。

二、进一步提高信息数据资源整合共享程度

从原有的运输企业内部的数据存储与管理向行业数据共享转变；从传统的企业只提供管理部门部分共享数据向依托平台获取客流及运营全面数据转变，使得行业管理部门可以获取城市内不同运输服务企业的数据，运输服务企业通过该平台也可以获取与之关联的其他运输方式的动静态数据。

三、构建城市客运的综合运行监测体系

根据地面公交（含 BRT）、城市轨道交通、出租车以及长途客运运行状态与客流监测数据，建立公共交通数据资源中心和公共交通运行监管与综合信息服务平台，各运输服务企业通过该平台共享到与之相关联的其他城市公共客运方式的客流数据、运营计划及车辆排班等数据，将原有的基于各运输企业内部信息的独立调度模式转变为基于企业内部信息和与之关联的其他运输企业运营信息的综合协调调度模式，实现城市内不同客运方式间的联动调度。满足监控调度“平战结合”的要求，提高城市综合客运体系的运营效率与应急协同调度能力。

四、开展公共交通卡区域互联互通试点应用

借鉴广东岭南通卡、河南省商都通卡等地互联互通工程经验，开展试点工程，深入总结和提炼相关经验并出台实施互联互通应用工程指导意见和相关技术标准。以行政区域、经济区域等为单元，推广区域城市之间的互联互通应用，最终在全国范围内进行互联互通应用推广。

第十章 出租汽车管理

10.1 现状

出租汽车是与人民群众密切相关的“窗口”服务行业，是城市交通体系的重要组成部分。改革开放以来，我国出租汽车行业得到快速发展，出租汽车数量和种类不断增加，服务能力不断提升。截至2011年年底，全国共有出租汽车126.4万辆；从业人员240.4万人；完成客运量376.7亿人次，占城市客运总量的32.3%；运营里程为1519.7亿公里，载客里程1052.1亿公里，里程利用率达到69.2%；出租汽车的快速发展，为方便城市居民的个性化出行做出了贡献，提升了城市服务能力，促进了经济社会发展。但与其他发达国家相比，我国出租汽车发展时间相对较晚，管理政策尚处于探索过程中，目前还存在法律法规不健全、行业服务水平不高、劳资关系不规范等突出问题，影响了出租汽车行业的健康发展。2008年大部制改革后，出租汽车行业指导职能划入交通运输部。在国务院的领导下，交通运输部提出了出租汽车管理“先稳定、后规范、再提升”三步走的总体思路。三年多来，各级地方政府特别是城市政府，按照总体思路的要求，切实履行职责，采取了一系列有针对性的措施加强出租汽车行业稳定发展和规范管理工作，出租汽车行业发展已由“稳定”阶段转入“规范”阶段。

2011年是出租汽车管理从稳定发展阶段向规范发展阶段过渡的重要一年，主要成绩有：

在“规范”发展阶段，交通运输部的工作推进思路是：一是加强对出租汽车企业和驾驶员的服务质量信誉考核，通过鼓励文明服务，奖优罚劣，为提升出租汽车行业服务水平奠定基础；二是加强对出租汽车驾驶员的从业资格管理，规范准入“门槛”，实施动态管理，注重知识更新，加强行为监管，全面提高出租汽车驾驶员的职业道德水准和技能；三是以先进的信息技术为手段，转变出租汽车发展方式，规范出租汽车服务，加强出租汽车运营的动态监管；四是通过开展出租汽车行业和谐劳动关系创建活动，逐步形成出租汽车企业和驾驶员共同发展机制。围绕以上举措的落实，具体开展了以下工作：

一、出台《出租汽车服务质量信誉考核办法（试行）》

经广泛征求全国各省份的意见、建议，并在山东济南、山西运城、湖北武汉、河北石家庄等城市开展试点与风险评估，2011年8月26日，交通运输部印发了《出租汽车服务质量信誉考核办法（试行）》（交运发〔2011〕463号），从出租汽车服务诚信入手，狠抓出租汽车服务质量，建立服务质量考核制度。一是建立出租汽车服务诚信体系，规范企业管理，提升驾驶员服务质量。二是将出租汽车经营权配置与服务质量信誉考核结果联系起来，坚持驾驶员服务质量信誉考核结果与企业服务质量信誉考核挂钩，建立奖优罚劣的机制，要求企业履行好主体职责，切实提高服务质量。三是对出租汽车驾驶员有见义勇为、救死扶伤、拾金不昧等先进事迹的，给予加分奖励。

二、制订颁布《出租汽车驾驶员从业资格管理规定》

交通运输部组织开展了《出租汽车驾驶员从业资格管理规定》制订工作，《出租汽车驾驶员从业资格管理规定》制订期间广泛征求了出租汽车经营者、行业管理部门、社会团体等行业相关主体的意见建议，并首次在交通运输部立法工作中采用立法风险评估方法，确保法规出台能够平稳实施。2011年第13号中华人民共和国交通运输部令公布《出租汽车驾驶员从业资格管理规定》，自2012年4月1日起施行。《出租汽车驾驶员从业资格管理规定》借鉴了国外发达国家从业资格管理制度的先进经验，是在交通运输行业第一个建立考试、注册、继续教育和从业管理四项从业资格制度的部门规章。主要建立了四项制度、解决四个问题、严把四道关口：即通过考试制度、解决出租汽车驾驶员入门问题，把好准入关；通过注册制度，解决一次考试终身有效问题，把好动态管理关；通过继续教育制度，解决运营服务、安全知识和各项技能更新问题，把好素质关；通过从业管理制度，解决从业行为问题，把好监督关。

三、组织新颁政策法规的宣贯、实施工作

为贯彻落实《出租汽车服务质量信誉考核办法（试行）》及《出租汽车驾驶员从业资格管理规定》，交通运输部编制了《< 出租汽车质量信誉考核办法（试行）> 释义》、《< 出租汽车驾驶员从业资格管理规定 > 释义》，通过各种渠道加强新颁政策法规在出租汽车行业的宣传工作，指导各地出租汽车管理部门正确理解和准确把握政策法规颁布的背景、意义和内容，特别是针对《出租汽车驾驶员从业资格管理规定》实施前，有很大部分出租汽车驾驶员已经取得了从业资格证的情况，提出了“新人新办法、老人老办法”的指导意见，确保《出租汽车驾驶员从业资格管理规定》的平稳实施。

10.2 地方实践

2006 年，青岛市人民政府印发了以“三保一免”为核心的《关于进一步加强规范出租汽车行业管理有关问题的通知》（青政发〔2006〕38 号），青岛市出租汽车管理从此走上了规范管理的轨道。近年来，青岛市一只手抓法制建设，先后制订了《青岛市出租汽车客运管理条例》等 9 个配套文件及相关配套制度，实现了行业管理有法可依，有章可循，行业管理服务能力大大加强；另一只手抓行风建设，自 2007 年开展“红飘带”活动以来，涌现出一大批见义勇为、救死扶伤、助人为乐、拾金不昧的先进模范人物，“红飘带”服务品牌也被列为全国交通行业重大宣传典型。截至 2011 年年底，青岛市共有客运出租汽车企业 26 家，出租汽车 9697 辆，出租车里程利用率为 62.3%，出租车客运量达 2.3 亿人次。

一、规范行业管理的主要做法

一是实施“三保一免”政策。针对青岛首轮出租汽车经营权有偿使用从 2006 年 6 月开始陆续到期的实际，青岛市人民政府《关于进一步加强规范出租汽车行业管理有关问题的通知》（青政发〔2006〕38 号），核心内容是“三保一免”。三保是：保证从业人员职业稳定，出租汽车经营权有偿使用到期后，按照《青岛市出租汽车客运管理条例》有关规定，交通运输主管部门组织制订了管理服务合同示范文本，出租企业应当继续与车主签订管理服务合同；保证从业人员收入稳定，确定出租车经营权有偿使用到期后，不再实行公开拍卖，减轻从业人员负担；保证投资者合法权益，经营权有偿使用到期后，车辆权属不变。一免是免除出租汽车经营权有偿使用费、取消运管费等八项行政事业性收费，出租汽车经营权从有偿使用转为特许经营，新增运力全部实行公车公营。通过认真组织实施贯彻落实，青岛市用一个月的时间完成了 24 家出租客运企业特许经营手续的办理，用将近 4 个月的时间完成了首轮经营权到期的车主与企业签订管理服务合同工作，合同签订率达到了 99.8%。

二是完善法制建设。从 2007 年起，青岛市陆续修订了《青岛市出租汽车客运管理条例》，出台了《青岛市客运出租汽车驾驶员服务资格证管理规定》、《青岛市人民政府关于加强客运出租汽车停靠站点管理的通告》、《青岛市交通委员会出租汽车车容管理办法》、《青岛市交通运输委员会出租汽车交接班管理办法》、《青岛市交通运输委员会出租汽车驾驶员营运服饰管理办法》、《青岛市交通运输委员会出租汽车计价器使用管理办法》、《青岛市交通运输委员会出租汽车营运标识管理办法》、《青岛市交通运输委员会出租汽车交接班管理办法》、《青岛市交通运输委员会出租汽车客运行政执法工作规范》、《青岛市交通运输委员会出租汽车客运企业质量信誉考核实施办法》、《关于将客运出租行业稳定工作纳入年度考核实施的通知》、《青岛市交通运输委员会出租汽车客运企业监督管理办法》等配套文件，全市出租汽车行业走上了法制化管理的轨道，保证了青岛市出租汽车市场的长期稳定有序发展。

三是做好行业服务。在加强监管的同时，青岛市交通运输主管部门还下大力气做好政府行业服务工作。

具体做法有：2010 年启动油运价格联动机制，调整出租汽车运价、实行时距并计计费方式；实施出租汽车保险统一招标，以承运人责任险取代了乘客意外伤害险，在年缴保费 792 元不变的基础上，由原来的保 4 座每座 26 万提高到保 5 座每座 27 万，大大提高了从业人员抵御风险的能力；2011 年，又对驾驶员服务资格证管理规定进行了修改，每车可以配备 3 名驾驶员，降低了驾驶员的劳动强度。

二、加强行业文明创建的主要做法

一是建立“红飘带”行业文明创建长效平台。2006 年，青岛出租车驾驶员莫立斌捡到广东客商价值 600 余万元珠宝和现金主动归还了失主，之后出租车驾驶员何开功捡到日籍客人 900 万日元、徐雪林捡到市民 10 万元“救命钱”，均拾金不昧，主动归还。他们的感人事迹，在社会上引起了强烈反响，出租车系上了象征吉祥的“红飘带”，以表达对拾金不昧驾驶员的敬意，社会车辆也纷纷加入，一时间，岛城飘满了“红飘带”，成为青岛一道亮丽的风景线。青岛市交通运输主管部门适时将社会公众自发的“红飘带”行动引导成为出租汽车行业“红飘带”活动，“红飘带”活动伊始，政府部门就提出建立长效机制、不搞一时轰动的要求，面向社会公开征集“红飘带”系列标识，共收到各类设计方案 1685 项。“红飘带”活动就此成为青岛出租汽车行业文明创建的重要载体。

二是持续开展“红飘带”主题活动。2007 年“红飘带”活动创建以来，青岛市交通运输主管部门建立了一系列与“红飘带”活动相关的长效机制，大到定期开展争创“诚信客运出租企业”、“红飘带车队”、“星级出租汽车驾驶员”等活动，小到坚持一天报道出租汽车行业两件好人好事。2011 年，结合交通运输部、全国总工会联合印发的《出租汽车行业进一步开展文明创建活动的意见》（交体法发〔2009〕147 号）要求，青岛市先后印发了青岛市道路运输管理局《关于在客运出租行业开展“弘扬‘红飘带’精神，学习优秀驾驶员、展行业新风”活动的通知》（青运出租〔2011〕3 号）、青岛市交通运输委员会《关于授予鲁 UT9209 等 100 辆出租汽车“红飘带”出租汽车荣誉称号的通知》、青岛市精神文明建设委员会办公室、青岛市交通运输委员会《关于开展“红飘带”在飞扬——感动岛城的哥的姐”评选活动的通知》（青交运营〔2011〕9 号）等文件，持续以“红飘带”服务品牌为平台组织开展行风建设主题活动，取得显著效果。当前，“红飘带”服务品牌已被列为全国交通行业重大宣传典型。

10.3　工作重点

继续按照“先稳定、后规范、再提升”的思路，在保持稳定发展的前提下强化出租汽车驾驶员从业资格管理，开展出租汽车行业和谐劳动关系创建活动，逐步形成出租汽车企业和驾驶员共同发展机制，继续推进城市出租车管理信息系统试点工程建设，提高行业整体服务水平。

围绕出租汽车规范化管理，重点要开展以下几个方面工作：

一是开展出租汽车行业和谐劳动关系创建活动。通过开展此项活动，推动出租汽车行业建立规范有序、公正合理、互利共赢、和谐稳定的社会主义新型劳动关系，进一步形成出租汽车企业和驾驶员利益共享机制，促进出租汽车行业和谐、健康、规范发展。

二是加快《出租汽车运营服务规范》等标准的制定实施。以国家及行业标准的宣贯实施为抓手，进一步规范出租汽车管理工作，指导出租汽车经营者加强企业内部管理，提升出租汽车服务质量，为城乡居民提供更优质的出租汽车服务。

三是继续推进城市出租汽车服务管理信息系统试点工程建设。做好首批试点工程的跟踪、监督、管理工作，督促试点城市按进度完成系统开发建设，组织进行首批试点工程验收。组织专家评选出功能全面、性能先进、适用广泛的出租汽车管理服务系统，积极总结推广试点工程取得经验。

四是研究、总结与推广地方政府出租汽车行业管理经验。通过组织召开出租汽车行业座谈会等形式，交流出租汽车管理经验，研讨出租汽车管理思路，听取地方出租汽车行业管理做法、经验。

五是继续推动出租汽车行业法制建设。按照《交通运输“十二五”发展规划》提出的“规范发展城市出租车业，建立完善出租汽车政策法规体系”的要求，着手开展国家层面的出租汽车行业立法前期研究工作，进一步完善出租汽车公共政策体系，逐步将我国出租汽车行业管理纳入法制化轨道。

第十一章　城市交通拥堵治理

11.1　现状

随着经济的发展、人民生活水平不断提高，城镇化、机动化进程的快速发展，我国大中城市的交通拥堵问题日益严重。中心城区功能和人口高度集聚、机动车保有量高速度增长和高强度使用、公共交通吸引力不足、交通综合管理水平与机动车保有量过快增长势头不相适应等问题尤为突出。交通拥堵不仅影响了居民生活的效率和质量，而且带来了环境污染、能源紧张等一系列问题。

近年来，国内许多城市纷纷出台相关政策措施，对缓解城市交通拥堵进行了积极探索。发展规划方面，在规划新土地开发、新道路建设时，对可能产生的交通影响加强了分析，更多地开展实际调研，保证了规划更具有科学性和预见性。同时，对老城区的土地开发和道路工程严格限制，一定程度上缓解了中心城区的交通压力。基础设施方面，科学合理地进行基础设施建设，加大了对道路交通基础设施、智能交通基础设施和慢行交通基础设施的建设投入。公交发展方面，开展了公交线网优化、公交票制票价研究，进行了公交车辆的更新、运营调度的智能化以及公交路权优先保障，提高公交服务质量，吸引更多出行者选择公交。需求调控方面，加强了对私人交通的管理，一定程度上抑制了私家车的购置和使用。

11.2　地方实践

1　北京

在城市快速发展、交通拥堵日趋严重的情况下，面对人口、资源、环境的压力，北京市政府根据 2010 年底出台的《关于进一步推进首都交通科学发展加大力度缓解交通拥堵工作的意见》（简称北京缓堵 28 条），积极推进缓堵综合措施的落实，并成立了缓解交通拥堵工作推进小组，提出 2011 年公交出行比例达到 42%，中心城交通指数降至 6.0 以下的目标。

北京缓堵 28 条实施以来，取得了明显成效，2011 年全年净增机动车 17.3 万辆，比去年少增 61.7 万辆，2011 年底全市机动车保有量为 498.3 万辆，机动车加速增长势头得到了有效遏制。北京市交通委员会发布数据显示：高峰时段交通指数由 2010 年平均的 6.1 下降到 4.8，路网运行速度由每小时 22.6 公里提高到 25.3 公里，与上一年年相比提高 11.5%。

专栏 11-1　北京市综合缓解交通拥堵管理经验

一、调控需求，加强源头管理

小客车数量调控工作进展顺利，机动车加速增长势头得到了有效遏制。

小客车指标配置是一项全新的工作，为确保工作顺利开展，开发了集受理、审核、摇号、发布等于一体的系统，制定了摇号规则、审核流程等。2011 年度小客车总量额度指标为 24 万个（平均每月 2 万个）。指标额度中个人占 88%，营运小客车占 2%，其他单位占 10%，即其中个人全年共 21.12 万个指标，每月摇号一次，产生1.76万个；单位全年共2.4万个指标，每两个月摇号一次，产生4000个指标；另外还有4800个营运小客车指标，不通过摇号方式产生。

继续实施机动车工作日区域尾号限行措施，并禁止非北京市客车工作日早晚高峰时段进入五环路内行驶。

二、改善服务，提高公共交通吸引力

积极采取措施提升公共交通服务水平，提高地面公交运营速度，实现公交、地铁联动，缓解轨道交通乘车拥挤。2011年，全市公共交通日均运送乘客1964万人，其中轨道交通598万人，同比增长18.2%，最高日达到758万人。公共交通出行比例由40%上升至42%。

地面公交服务水平明显提升。新增公交专用道30.5公里。在京通路开设了首条快速公交通勤走廊，并两次延长施划公交专用道，地面公交吸引力明显增强，日均客运量增加1万人，公交车平均运行速度提高1.2倍，地铁八通线满载率下降10个百分点，高峰时段进入中心城小客车减少1200辆，社会反响良好。开通57组社区通勤快车，连接天通苑等大型居住区与中关村等重点功能区，日均客运量3.6万人。开通15条"袖珍公交"，改善了重点地区和地铁站点周边公交微循环，日均客运量3.5万人。

轨道交通服务保障能力逐步增强。在确保安全的前提下，先后6次缩短1号线、4号线、10号线、13号线、八通线高峰时段最小运行间隔，运力平均提高10%，轨道交通骨干线路高峰时段乘车拥挤状况有所缓解。建成知春路站、西直门站换乘通道，完成1号线114辆车辆更新和186辆旧车加装空调改造，乘车环境进一步改善。认真分析换乘车站、大客流车站的特点，按照"一站一方案"原则制订客流疏导方案，公布常态限流车站客流尖峰时段和限流时段，引导乘客安全有序乘车。

三、以静制动，发挥停车收费经济杠杆作用

全市有2942个停车场上调停车价格，三环路内停车场停车数量有所下降，市民出行方式发生积极变化，小客车出行比例首次下降。

加强停车管理工作。市管路侧停车位下放管理后，停车属地管理职责进一步落实。加强停车经营资质管理，强化监管考核，实行停车收费管理人员全员培训和持证上岗，增设隔离护栏、便道桩、交通标志和科技执法设备。推进"三位一体"路侧停车电子收费系统试点建设。开展停车服务季、停车管理示范街、停车百日专项整治等一系列规范服务和秩序整治行动，重点查处停车收费"私自打折"、占道乱停车等行为，加大处罚力度，保障价格调整政策实施效果。

四、积极推进，提高设施承载能力

加快推进重点工程建设。实现了8号线二期北段、9号线南段和15号线一期东段3条轨道交通新线提前通车，轨道交通运营里程增加36公里，总里程增至372公里。建成京新高速五环路至北清路段、京密高速、八达岭过境线等重点道路，完成京石高速改建，交通设施承载能力进一步提升。

着力推进道路微循环建设。制定了《关于加快实施中心城微循环道路建设的意见》，简化审批流程，加大市级资金补助力度，确定了47项、总投资33亿元的微循环道路项目，完成新街口四条、西客站南广场一号路等15项，三丰胡同等12项在施，完成投资6.8亿元，建成微循环道路5450米，改善了周边近50公里道路的通行条件。

实施疏堵工程和城市道路养护工程。完成高碑店路口渠化、远通桥匝道拓宽等疏堵工程110项，完成投资1亿元。完成国贸地区综合疏堵和交通组织优化，开展西直门、广外等地区综合疏堵方案前期研究，初步实现由单个疏堵项目向区域综合疏堵工程转变。完成二环路辅路、颐和园路、八角东街等242项城市道路大修工程，城市道路好路率达到88%。

2 重庆

2011 年重庆机动车保有量继续快速增长，主城区机动车保有量达到 81.2 万辆，比 2010 年增加 14.5 万辆。主城区机动车从 20 万辆到 40 万辆、40 万辆到 60 万辆、60 万辆到 80 万辆分别历时 6 年 7 个月、2 年 4 个月和不到 1 年半，机动车增长速度加快。其中，私人小汽车 37.7 万辆，较 2010 年增长 27.8%，年增长率连续 7 年超过 25%，私人小汽车成为机动车增长的重要因素。摩托车 22.6 万辆，占总量的 27.8%。

2011 年，重庆市主城区主要干道总体畅通，早晚高峰分别出现在 7:00~9:00 和 16:00~19:30。高峰小时小汽车平均车速 29.36 公里 / 小时，比 2010 年提高 0.97 公里 / 小时。其中早高峰 28.93 公里 / 小时，晚高峰 29.82 公里 / 小时。但是主城区主要干道中高峰小时平均车速低于 18 公里 / 小时的堵点仍有 25 个，拥堵路段 24 条，主要集中在连接组团的通道和核心商圈，突发事件、各种建设工程引起的交通拥堵频繁发生，居民对交通拥堵的感受明显。

随着拥有 2000 万人的二环城区建设和产业集聚，跨江穿山的组团间交通拥堵有加剧、扩散的趋势。2011 年，重庆对外主要道口日交通流量同比增长 17.9%。主城区跨江桥梁和穿山隧道日流量分别较 2010 年增长 9.1%、11.1%。

2011 年，重庆市采取了多方面的治堵措施。从轨道线网建设、城市道路建设、公共交通系统、停车场（楼）建设等多方面入手，着力解决城市交通拥堵问题，于 2011 年 6 月 20 日重庆市人民政府第 103 次常务会议通过了重庆市《畅通主城行动计划》，并在 2011 年 11 月 20 日印发。2011 年重庆市采取的一系列治堵措施产生了积极的效果。

专栏 11-2　重庆市解决城市交通拥堵问题的具体措施

一、优化城市功能布局，缓解中心区交通压力

坚持组团式城市空间发展战略，加快完善各组团内部商业网点、文体设施、医疗卫生等配套功能，减少跨组团出行交通量。将货运物流中心、长途客运站等交通吸引量大的城市功能体向主城二环区域转移，缓解中心区交通压力。

二、加快城市道路基础设施建设，增加交通供给能力

2011 年主城区新增城市道路 132.72 公里；建成华唐路立交、余松路立交、五台山立交（一期）、古木峰立交、空港东路立交、鹅公岩立交等 6 座立交；建成外河坪站场、五里坪站场、二郎站场、重棉站场、金山站场、茶园站场等 6 座公交站场；新增 1 座跨两江桥梁（朝阳桥）；增加停车位约 9 万个；新增立体人行过街设施 31 座。

三、积极投入支持公共交通发展，发挥大运力优势

着力发展城市轨道交通。2011 年轨道交通建设完成投资 163 亿元，完成年度目标任务 101.9%。一、二、三、六号“四线十段”178 公里轨道建设顺利推进，线网基础骨架初步形成。一号线一期工程（小什字—沙坪坝）、三号线全线开通试运营，新建成轨道通车里程 55 公里，全市轨道通车里程达 75 公里。轨道交通实现连接主城七区，辐射渝中半岛、沙坪坝、观音桥、杨家坪等“五大”商圈及中央商务区（CBD），并无缝衔接江北机场、火车北站、沙坪坝火车站等大型交通枢纽，正式步入网络化运营新时代。轨道交通客流也持续快速增长：2011 年地铁 1 号线最大日客运量 19.7 万人次，轻轨 2 号线最大日客运量 25 万人次，轻轨 3 号线最大日客运量 29.6 万人次，线网最大日客运量 74.3 万人次，较上一年最大日客运量 20 万人次增长 270%。线网年客运量 8332 万人次，较上一年年客运量 4500 万人次增长 85%。

推进地面公交持续健康发展。2011 年主要公交线路高峰时段平均运营车速为 18.97 千米／小时，较 2010 年提高 1.03 千米／小时，地面公交运行状况得到改善。新增运营车辆 270 辆，服务范围进一步扩大到巴福、鱼嘴区域；大学城、微电园、空港保税区、园博园、公租房片区等重点区域公交营运的组织有所改善。2011 年，地面公交年客运量达 17.4 亿人次。

四、推动出租车行业健康有序发展，稳步提高出租车服务水平

一是建立科学的运力投放机制，2011 年主城新投运出租车 1000 辆，总运力达到 1.15 万辆，进一步缓解市民出行“打的难”问题。二是继续推进公司化经营，推进主城出租车企业公司化经营以及个体组织化，保障驾驶员合法权益，完善收益分配调整机制和劳动用工关系。三是全力推进《重庆市出租汽车客运管理暂行办法》的修订工作，对出租汽车定位、发展方向、管理体制、指标投放、指标转让、区域经营、经营模式、企业权利义务、驾驶员权益保护、管制内容、电招、投诉处理等 33 个方面的问题进行了研究，形成了初步修订方案。四是推进重庆市出租汽车服务管理信息系统暨出租车电召系统建设，提高信息化服务水平。

五、加强私人交通管理，引导私人交通与公共交通合理衔接

一是综合分析城市机动车增长与道路建设的量化关系，适度调控私人小汽车增长速度，避免机动车无序增长。二是推进停车收费差别制度改革，按照“中心高于外围、路内高于路外、路上高于地下”的原则调整停车收费标准。三是限制货车、摩托车等特殊车辆，在高峰时段通行商圈、内环快速路等特殊路段，引导私人交通合理使用，减轻中心城区交通压力。

3 大连

近年来，随着大连城市规模的扩大和人口的增长，城市居民的出行量和出行距离呈现大幅增长。2011 年大连市机动车保有量已经超过 105 万辆，驾驶人员超过 150 万人，而且以年均 10% 的速度递增，交通需求不断提高，交通拥堵形势依然十分严峻。

素以有轨电车闻名的大连一直以来非常重视公交服务，其公交分担率也保持在较高水平。但由于机动车对道路资源的抢占，拥堵现象频发，公交运行速度有所下降，小汽车分担率上升，公交分担率下降。据统计，大连市的公交分担率已由 2005 年的 48.9% 下降到 2011 年的 45%。

为缓解交通拥堵状况，大连市人民政府制定了多项措施，并于 2011 年 4 月 25 日出台了《大连市 2011 年进一步提升交通规划建设管理工作的意见》，指导进行交通基础设施建设并提高交通管理水平。

专栏 11-3　大连市解决城市交通拥堵问题的具体措施

一、完善城市交通规划，推进基础设施建设

2011 年，大连市编制完成了 8 项交通专项规划，充分发挥交通引导和服务作用，并实现对交通配套基础设施建设的指导。编制实施了《大连市综合交通体系规划》，促进城市用地布局与交通协调发展。编制实施了《大连市城市公共交通专项规划》，确保公共交通枢纽站场、公交停车场等交通基础设施用地。在城市各类建设项目的规划评审中引入交通影响评价，与环境影响评价具有同等作用，实现城市与交通协调发展。编制实施了《大连市停车设施专项规划》，确保各类静态交通设施建设。随轨道交通新线同步规划建设驻车换乘停车场（库）。按差别化原则修订实施建筑物停车位配建标准。

2011 年，大连市推出了城市交通基础设施项目 79 项；实施城市交通路桥项目 35 项，总投资 140.7 亿元。完成光明路等 8 项“七纵七横”工程及西部通道北段道路改建、明珠路跨西部通道立交等5项快速路工程。拓宽改造金龙路等9条道路，改造8处拥堵点，进一步解决交通拥堵和“瓶颈”路段。开展南疏港路等15项路桥工程的前期工作。新建20处港湾式停车站。对市内四区、高新区范围内具备港湾式改造条件的公交停车站进行调查摸底，用3年左右时间完成改造工作。

二、优先发展公共交通，提升服务能力

轨道交通方面：2011年，大连加快了地铁1号线和2号线的工程建设，预计2012年底前全线完工。完成了202路轨道线路延伸工程，于年底竣工通车；稳步推进金州至普湾新区城际铁路工程，预计2012年10月竣工通车。实施了快轨三号线扩能改造项目，在2011年至2013年期间将最小行车间隔由4分钟降低到3分钟。完成了长兴岛铁路二期工程征地动迁工作。

地面公交方面：完善了综合客运交通枢纽、地面公交的中心站和首末站三级换乘体系，构建了公交快速通勤网络。新建了5条公交专用道，新增了公交专用道23.8公里。并对中山路、BRT等现有公交专用道标志、标线、隔离护栏、交通监控设施进行完善。增设、调整公交线路10条，更新公交车400辆、出租车1100台。金州新区新建大型快换式公交充电站。长海县新建鸳鸯港客运中心，开通海洋岛公交线路11.4公里。

三、积极倡导绿色交通，优化出行结构

组织各类媒体，通过开设专栏、直播报道等形式，广泛开展文明交通常识教育和综合整治活动宣传，曝光不文明交通行为，引导市民理解和支持执法部门的整治工作。向全市手机用户群发交通安全宣传短信。通过发放张贴《致广大市民的一封信》、广告媒体宣传、上门教育走访、组织专项宣传和文明交通劝导等多种形式，深入开展针对性强、教育面广的文明交通宣传教育活动，积极宣传和组织开展“无车日”和“城市公共交通周”活动，推崇和倡导乘坐公共交通工具、步行等“绿色出行”方式。

倡导召开电视电话会议。鼓励各级党政机关和国有企事业单位充分利用电视电话会议等现代化手段，提高效率，减少交通出行。

四、进一步加强机动车管理，引导合理使用

科学合理调控机动车保有量增量。2011年，全市各级党政机关、全额拨款的事业单位未新增一般公务用车编制数量，并对执法执勤用车的审批实行严格控制。控制并严格执行错时上下班制度。继续严格执行限制外埠旧机动车转入大连市的强制性措施。开展机动车总量控制措施调研，为推行机动车号牌登记限制措施做好准备。

制定、完善并实施限行交通管理措施。在市区主要拥堵路段早晚高峰时段实行合理的限行措施，并适时实行拥堵区域和路段实施按车型、单双号、尾字号、号牌注册地和不同时段的限行措施。按尾气排放标准制定和实施分区域、分路段的限行措施，制定并出台《大连市高污染车辆限行工作实施方案》。

采用经济杠杆调控交通流量和停车需求。对取得合法经营手续的停车服务单位，按照“路内高于路外、地上高于地下、中心区高于其他区”的差别化收费原则，调整机动车停车场（库）收费标准。研究制定轻轨、地铁站周边停车场（库）换乘车辆停车收费标准，原则上应低于其他公共停车场（库）收费。

五、加强科学管理，提高现代交通管理水平

建设新一代智能交通管理系统。在2008年到2010年3年建设基础上，大连市在2011年进一步建设完善了公交智能服务管理系统，实现了公共交通资源的统一调配与合理安排，大幅提升了公共交通服务能力。启动了交警指挥控制中心大楼建设，建立和完善交警指挥控制中心智能化系统，实现交通管理和交警勤务指挥的智能化、信息化、可视化、扁平化，实现全市道路交通的集中、统一、权威、高效指挥控制。

4 武汉

武汉正处于城市规模迅速扩大、旧城改造加快、机动化增长势头强劲之时，出行需求增长迅速，且正处于轨道交通建设期，交通供需矛盾突出，交通拥堵频现，阻滞了城市的正常发展步伐。

近年来武汉市机动车拥有量持续快速增长，2011 年机动车拥有量达到 95.41 万辆，比上一年增长 18.1%。其中，小型汽车 73.98 万辆，比上一年增长 22.4%。在小型汽车中，私人小汽车 61.96 万辆，比上一年增长 24.5%。但是未来武汉市机动车即使按年均 10% 的较低水平增长，3 ~ 5 年后中心区路网承载水平也将处于严重超负荷状态，交通拥堵将更为严重。

根据《2012 武汉市交通发展年度快报》，2011 年，武汉大道、二环线汉口段、白沙洲大道、珞狮路、沙湖大道等快速路相继建成通车，主城快速骨架系统初具雏形。武汉交通总体状况被评定为“轻度拥堵”等级，全路网工作日高峰平均交通拥堵指数约为 5.0。江汉区最为拥堵，拥堵指数达到 8.6，即严重拥堵。2008 年主城区平均车速为 23.3 公里 / 小时，2009 年为 20.4 公里 / 小时，2010 年为 20 公里 / 小时，而 2011 年为 23.1 公里 / 小时，交通拥堵形势依然很严峻。

为缓解武汉的交通拥堵，市政府及有关管理部门出台了一系列措施，其中包括加大道路建设投资、优先发展地面公交和城市轨道交通以及投放公共自行车等。

专栏 11-4　武汉市公共自行车系统

武汉市是全国第一个在全市范围内布设免费公共自行车系统的城市，公共自行车系统自 2009 年 4 月 28 日正式启动。自行车公共服务系统采取政府主导扶持、企业投资运营的创新机制，以“绿色出行”打造“环保＋诚信”概念。市民凭“诚信卡”即可免费使用自行车，实现了异地还车、一卡通行。在方便市民短途出行的同时，以绿色环保自行车的低碳出行方式传递着全新的生活观、价值观和绿色环保理念。

武汉市公共自行车采用 IC 卡作为租还车用卡，实施借车一次两小时使用时间，超过两小时未还记录一次超时（两小时内还车后可续借），超时三次锁卡的全免费模式，以吸引更多人使用公共自行车，并加大自行车的流通周转率，以满足更多人的需求。同时租车卡可与城市一卡通、公交系统或银行卡进行对接。武汉市公共自行车服务站点见图 11-1。

图 11-1　武汉市公共自行车服务站点

截至 2011 年年底，武汉市已建设公共自行车站点 1200 多个，投放自行车 7 万辆，拥有近百万持租车卡市民的运营服务规模，平均日租车量 20 万人次，高峰时达 30 万人次。截至 2011 年年底，武汉市公共自行车项目共服务了约9039万人次。公共自行车对缓解城市交通、方便市民出行起到了积极的作用。据估算，按照每辆自行车日均被租用 6 人次计算，每投放 1 万辆自行车，一天可替代公共交通 1000 辆次，可直接节省燃油 4 万升，减少碳排放 100 多吨。依据武汉“公交都市”建设的安排，武汉市还将进一步增加自行车租赁点和车辆投放，到 2015 年将在武汉市七个中心城区和四个远城区形成 1500 个公共自行车租还点，其中轨道点 80 个、公交点 268 个，公共自行车将达到 15 万辆，实现真正意义的“最后一公里”绿色出行。

11.3　工作重点

随着小汽车保有量的迅速增长，缓解交通拥堵所面临的形式依然严峻。解决城市交通拥堵问题，要坚持综合治理、疏堵结合。今后应重点做好以下几个方面工作：

一是建立以公共交通为主导的城市交通发展模式，加快转变交通发展方式，坚持优先发展公共交通战略，着力推进“公交都市”建设。进一步提高城市公共交通资源利用率，促进城市公共交通与城市经济社会的协调可持续发展，为广大群众提供快捷、安全、方便、舒适的公交服务，使广大群众愿意乘公交、更多乘公交。

二是推动交通需求管理措施的实施，通过经济、技术、管理、法规等手段，正确引导和调控交通需求的增长，合理配置交通资源，调整交通需求在时间、空间和不同运输方式中的分布，从而在交通供给与交通需求之间保持相对的平衡，达到人、车、路、资源、环境等方面的协调和可持续发展。应坚持综合治理，注重需求管理组合措施的实施，从而缓解城市交通拥堵。

第十二章 城市客运节能减排

《中华人民共和国国民经济和社会发展第十二个五年规划纲要》明确提出节能减排目标：与2010年相比，2015年单位国内生产总值能源消耗应降低16%，单位国内生产总值二氧化碳排放应降低17%。城市客运行业深入贯彻落实科学发展观，全面贯彻落实国家节能减排战略部署，科学规划，统筹安排，分步实施，突出重点，全面推进城市低碳交通运输体系建设。

12.1 现状

截至2011年年底，全国国Ⅲ及以上排放标准的公交车辆占公交运营车辆总数的58.0%，同比上升10.2%，见图12-1。

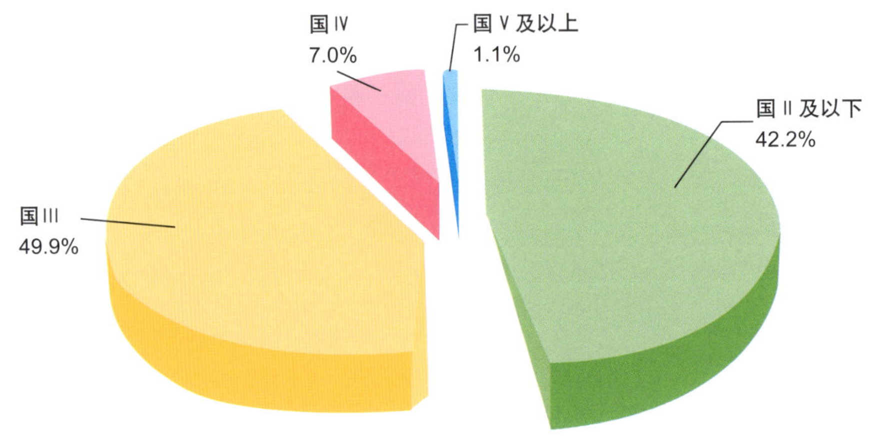

图12-1 2011年全国公共汽车按排放标准划分

截至2011年年底，全国公共汽电车运营车辆中新能源车辆总数为7831辆，同比增长176.5%。新能源车辆出租车448辆，约是2010年的8倍。全国新能源公交和出租车辆的快速增长，将对推进城市客运节能减排工作具有重要意义。

交通运输部高度重视节能减排工作，城市客运是其中重要的组成部分。2011年，交通运输部召开了两次部节能减排工作领导小组会议，传达国务院节能减排工作部署，围绕公路、水路和城市客运三大领域安排行业节能减排重点工作，研究讨论相关重大问题，出台相关规划；认真筹备和启动城市建设低碳交通运输体系试点工作；继续深入组织开展“车、船、路、港”千家企业低碳交通运输专项行动，召开专项行动总结会，表彰专项行动优秀组织单位、先进企业和先进个人。

一、落实工作部署，出台重大规划

2011年初，交通运输部印发了《2010年交通运输行业节能减排工作总结和2011年工作要点》，提出了在2011年重点推进的工作内容及相关要求。印发了《公路水路交通运输节能减排“十二五”规划》，提出了加快构建“三大体系”，组织开展“两项专项行动”、着力推进“十大重点工程”，并从强化组织领导、完善激励政策、拓宽交流合作、加强宣传引导等四个方面提出保障措施，为实现“十二五”期末的交通节能减排目标明确了发展方向，对进一步拓展和深化城市客运节能减排工作发挥了基础性指导作用。

2011 年 2 月，交通运输部印发了《建设低碳交通运输体系指导意见》和《建设低碳交通运输体系试点工作方案》，提出了至 2020 年建设低碳交通运输体系的指导思想、基本原则与目标、重点任务和保障措施，明确了城市客运中长期的节能减排目标：到 2015 年和 2020 年，城市客运单位人次能耗比 2005 年分别下降 18% 和 26%；城市客运单位人次的碳排放比 2005 年分别下降 20% 和 30%；提出了未来三年试点期间低碳交通运输体系试点的指导思想、工作原则、试点范围、试点目标、主要试点内容、时间安排和工作要求，并提出了组织保障、制度保障、政策保障和技术保障等保障措施，其中城市客运是低碳试点的三大核心领域之一。

二、建立专项资金，顺利开展低碳交通试点

根据《建设低碳交通运输体系指导意见》和《建设低碳交通运输体系试点工作方案》的精神和要求，组织召开了低碳交通运输体系建设城市试点启动会和推进会，开展天津、重庆、深圳、厦门、杭州、南昌、贵阳、保定、武汉、无锡 10 个城市的试点工作。各城市结合自身实际，围绕建设低碳交通基础设施、推广应用低碳型交通运输装备、优化交通运输组织模式及操作方法、建设智能交通工程、提高低碳交通公众信息服务、建立健全交通运输碳排放管理体系六个重大领域，分别编制了城市建设低碳交通运输体系试点实施方案，突出城市的亮点和特色，首批城市低碳交通试点工作由试点启动阶段进入组织实施阶段，试点期为 2011 年至 2013 年。在试点方案中，清洁能源车辆应用、智能调度、公共自行车以及绿色维修等城市客运典型项目都是各城市的重点试点项目，在试点期间将为交通系统及城市客运节能减排做出重要贡献。为了解各试点城市的工作进展情况，2011 年 9 月底交通运输部组织了调研组到各试点城市开展了实地调研，听取了地方交通主管部门的汇报，并实地考察了具体试点项目，起到了很好的推动效果。

为调动企业节能减排的积极性并引导低碳转型，交通运输部首次设置了交通节能减排专项基金，成立了“交通节能减排项目管理中心”，聘用了多名有经验的管理人员和专业技术人员，主要是对节能减排项目和资金进行管理，研究制定各类申请项目的技术导则、低碳交通运输体系试点方案的组织评审等。随后，与财政部联合印发了《交通运输节能减排专项资金管理暂行办法》和《交通运输节能减排专项资金申请指南（2011 年度）》，组织相关科研单位研究制定了专项资金申请项目节能减排量核算方法，编制了《交通运输节能减排专项资金项目评审程序》，以“以奖代补”的形式，初步建立起专项资金项目管理制度体系。

2011 年，交通运输部组织开展了年度专项资金项目申请和审核工作，全国一共有 122 个项目得到了专项资金支持，资金总额为 2.5 亿元，共拉动投资达 80.6 亿元，投资比例约为 1:32，即专项资金花费 1 元钱，引导社会投资约 32 元钱。通过这些项目的实施，可实现每年节约 31.5 万吨标准煤，替代燃料油 22.4 万吨标准油，减少二氧化碳排放 113.8 万吨。在支持资金中，城市客运的项目占 27.4%，为节能减排做了重要贡献。

三、制订相关政策，推进新能源汽车发展

由于种种原因，指引中国新能源汽车发展方向的《节能与新能源汽车产业发展规划（2011 年至 2020 年）》仍未出台。但是一些部门规章、标准规范相继出台，新能源汽车的各项工作仍在积极推进。

2011 年 10 月，科技部、财政部等四部委发布《关于进一步做好节能与新能源汽车示范推广试点工作的通知》，强调新能源汽车免车牌拍卖、摇号、限行等限制措施。2011 年 12 月，由工信部、国家能源局组织起草并发布了《电动汽车传导充电用连接装置》和《电动汽车非车载传导式充电机与电池管理系统之间的通信协议》国家标准，将于 2012 年 3 月 1 日起实施。随着这些标准的出台，新能源汽车的市场运营将会更加规范化，企业也会更加倾向于向大规模的集团化方向发展，有利于降低成本。

2011 年 10 月，科技部、财政部等国家 4 部委在京召开了“节能与新能源汽车示范推广试点督导检查动员会”，宣布成立节能与新能源汽车示范推广试点工作督导联络组和专家组，要求 12 月底前完成并对 25 个试点城市示范进行督导检查。目前，虽然阶段性的调查已经结束，试点取得了较好的效果，但是就

推广数量而言，过半城市未能完成既定目标，运营管理、产业规划等暴露出来的种种问题需要在“十二五”期间或者更长的时间去解决。

四、加大科研力度，加快成果转化

继续推进科研工作，交通运输部正在组织开展“低碳交通城市（区域性试点工作）评价指标体系”、“交通运输行业能源消耗与碳排放监测、考核体系”等多项重大课题研究，进一步明确了城市客运节能减排的相关内容。进一步加快科技成果转化，推广一批LED节能灯、LNG清洁能源车辆等潜力大、应用广的节能减排技术和产品。在标准制定方面：交通运输部批准发布了《汽车驾驶节能操作规范》等5项行业标准；交通运输部完成“道路运输车辆燃料消耗量监测评价方法”等3项国家标准的报批。

12.2 地方实践

1 北京

（1）加强政策引导。2009年7月，北京市政府印发了《北京市建设人文交通科技交通绿色交通行动计划（2009年—2015年）》，明确了加快转变交通发展方式，强化管理，实现建设、养护、管理并重；坚持优先发展公共交通战略，着力推进“公交城市”建设；加大创新力度，提高交通设施承载能力和交通运输服务水平，构建以“人文交通、科技交通、绿色交通”为特征的新北京交通体系，实现全面协调可持续发展。2011年12月颁布了《北京市小客车数量调控暂行规定》。按照规定，2011年全年增长24万辆，将有效抑制私人小客车数量的急剧增长，减缓交通的恶化，在缓解交通拥堵的同时，有效抑制车用能源的消耗及尾气排放的增长。

（2）加强智能交通建设缓解城市交通拥堵。北京市通过不断加大智能交通建设力度，交通运输智能化运营服务水平明显提高，已形成了以智能调度指挥中心、公交救援抢修、快速公共汽车交通系统、奥运公交智能调度等9大应用系统为基础的公交智能调度管理体系。建成了城市轨道交通自动售检票、乘客信息服务等10多个应用系统，建设智能化轨道交通指挥中心，实现了9条城市轨道交通线路的网络化运营与调度。建成六里桥省际客运信息系统，实现了全方位信息化管理以及全市省际客运联网售票及费用结算。

（3）加快科技创新和新技术应用。北京公交集团加强制度及组织建设、定额管理、改进车辆技术等措施，继续扩大新能源车的规模。北京市作为国家首批“开展节能与新能源汽车示范推广试点工作”城市，现已达到了960辆混合动力、100辆纯电动公交车的示范应用规模。随着充电站的建设完毕，北京市有望在2012年实现5000辆新能源车的运营规模。现已在延庆区开展50辆纯电动乘用车的示范运营，计划在房山开展100辆纯电动乘用车的示范运营，将新能源车的示范工程推广到各个区县。

地铁运营公司积极推广节能节电技术，在地铁站场大规模使用三基色节能灯管，替换了11万支普通白炽灯，节电10%以上。2010年在三站一区间试用LED节能灯，预计节电50%以上；淘汰高能耗直流电机车，换用交流电机车，预计节电25%以上，目前已更换408辆机车。1、2号线地铁高耗能变压器已更换500余台新型节能变压器。

2 上海

上海大力推进资源节约型、环境友好型行业建设，通过以下措施在交通节能减排工作中取得明显成效：

（1）低碳交通在上海世博会成功践行。按照“园区零排放、周边低排放”的要求，在世博会投放了1538辆多种类型的新能源车辆开展试点营运，包括园区内投放的纯电动公交车、超级电容公交车、氢燃料电池车，园区外投放的混合动力公交车、混合动力出租车等，这些新能源车分别经受住了高温、高湿和大客流等考验。世博期间，90% 以上的游客使用集约交通方式出行。绿色、低碳和集约交通在上海世博会的成功践行，成为上海世博会成功、精彩、难忘的重要亮点，出色演绎了上海世博会“城市让生活更美好”的主题。

（2）上海市建立和完善道路运输车辆燃料消耗限值核查制度，严格限制高能耗车辆进入营运市场，从源头就严格实行污染控制。

12.3 工作重点

2012 年是落实完成“十二五”节能减排工作任务的关键一年。城市客运节能减排工作要贯彻落实国家和行业各项节能减排政策措施，立足于低碳交通运输体系建设，组织开展节能减排项目实施、示范推广、监督检查、宣传培训等工作，切实推进交通运输节能减排持续深入，为实现国家和行业“十二五”节能减排目标奠定基础。

一、推进低碳交通运输体系建设城市试点工作

继续组织做好低碳交通运输体系建设城市试点，加大对低碳交通试点城市的支持力度，充分发挥节能减排专项资金的引导作用，加快研究并出台促进低碳交通运输体系建设的相关政策，宣传推广试点城市先进成熟经验。稳步扩大试点范围，结合试点不同区域的代表性，公布第二批低碳交通运输体系建设试点城市。指导第二批试点城市编制试点实施方案并组织审查，督促试点城市落实试点项目，确保试点工作取得预期成效。

二、继续推进城市客运节能减排重点工作

因地制宜推进天然气汽车在城市公交、出租汽车中的应用，建立健全相关标准规范，促进天然气汽车技术升级和天然气供应及配套设施建设，继续给予必要的政策支持和资金引导。在出租汽车行业开展电话预约服务模式（“电召”）试点。

三、组织实施节能减排科技专项行动

依据《公路水路交通运输节能减排“十二五”规划》和《公路水路交通运输“十二五”科技发展规划》，组织实施节能减排科技专项行动，促进交通运输节能减排科技研发、成果转化和标准化工作。组织开展“交通运输节能减排专项资金激励机制研究”、“城市客运推广使用新能源和清洁燃料汽车的问题与对策”等软科学研究。开展节能减排科技成果推广应用，开展 2012 年度交通运输建设科技成果推广目录发布工作，为推广节能减排技术搭建有效平台。继续推进节能减排国家和行业标准的制修订工作，组织开展“营运车辆油耗检测设备技术要求研究”和“天然气汽车替代燃料量评价方法研究”等标准的项目研究。

四、积极开展城市客运节能减排宣传培训

多渠道、多形式大力宣传城市客运节能减排政策措施和社会贡献，大力推广交通节能低碳发展理念，促进公众节能低碳出行生活习惯和方式的养成，形成低碳出行、节能光荣的社会新风尚。开展城市公交、出租车节能驾驶交流与竞赛。

附录　2011 年度城市客运大事记

1月

14 日　“5•12”地震极重灾区四川省绵阳市北川县新县城开通首条城市公交车线路。

15 日　北京市财政局表示，2011 年北京市将投入 500 亿支持交通发展，其中 140 亿用于地面交通和轨道交通补贴。针对补贴规模不断扩大的趋势，北京将采取各项措施加强对公共交通补贴的管理。

2月

15 日　交通运输部副部长高宏峰调研北京交通信息化工作时指出，北京市要进一步加强交通信息化建设，加快 ETC 的推广应用，逐步改善北京交通通行状况。

17 日　上海市市长韩正会见美国通用汽车公司首席执行官埃克森一行时表示，上海将始终坚持公交优先，鼓励支持发展新能源、清洁能源、小排量汽车。希望通过上汽和通用汽车的深入合作，在新能源汽车、汽车智能信息系统等创新领域不断取得新成果，为市场提供更多节能、环保的汽车产品。

24 日　“车、船、路、港”千家企业低碳交通运输专项行动总结会暨交通运输体系城市试点启动会在无锡举行。交通运输部副部长、部节能减排工作领导小组副组长高宏峰出席会议并就 2011 年节能减排工作重点进行了部署。会议宣布选择天津、重庆、深圳、厦门、杭州、南昌、贵阳、保定、武汉、无锡 10 个城市开展低碳交通运输体系建设试点工作，标志着低碳交通运输体系城市试点工作正式启动。本次试点主要有六项内容：建设低碳型交通基础设施，推广应用低碳型交通运输装备，优化交通运输组织模式及操作方法，建设智能交通工程，完善交通公众信息服务，建立健全交通运输碳排放管理体系，在其中后五项中，城市客运都是其核心内容之一。

3月

1 日　中共中央政治局委员、广东省委书记汪洋前往深圳调研大运会筹备情况，并前往社会示范充电站之一的福田交通枢纽调研，详细了解全国首家纯电动车出租公司鹏程公司驾驶员营运、充电及收入情况，并就电动汽车充电装置与电动公共汽车推广应用情况进行现场讨论。

3 日　首届“公交都市”建设示范工程座谈会在深圳召开，会议讨论了《国家“公交都市”示范工程实施方案》。

16 日　新华社发布《国民经济和社会发展第十二个五年规划纲要》，其中第十二章第三节强调指出实施公共交通优先发展战略、大力发展城市公共交通系统、提高公共交通出行分担比率、统筹城乡公共交通一体化发展等。

22 日　2010 中国低碳十大新闻发布会暨《中国低碳年鉴 2010》首发式在北京举行，由交通运输部组织开展的全国“车、船、路、港”千家企业低碳交通运输专项行动，节能超 200 万吨标准煤，入选“2010 中国低碳十大新闻”。

4月 13日

交通运输部正式印发了《交通运输"十二五"发展规划》，在第二章第三节明确提出要建立多层次的公共交通服务网络，提高城市客运信息化水平，规范城市公共交通运营管理，加强出租汽车市场管理，并且在"十二五"期间选择30个城市实施"公交都市"建设示范工程。

5月 1日

由交通运输部道路运输司主持编写，交通运输部副部长冯正霖作序的《城市公共交通管理概论》正式出版发行。

3日

中共中央政治局常委、国务院总理温家宝同20位来自首都各界的青年代表在中南海座谈，会上温家宝总理听取了北京公交集团青年驾驶员常洪霞的座谈发言和进一步落实公交优先政策的建议后指出，发展城市交通，应该公交优先，把公交放在城市交通发展的第一位。

19日

交通运输部印发《关于加强城市轨道交通运营管理的通知》（交运发〔2011〕236号），强调各级城市轨道交通主管部门要充分认识加强城市轨道交通运营管理的重要意义，并要求严把城市轨道交通运营管理关口，组织开展城市轨道交通安全隐患专项排查治理活动，预防各类城市轨道交通运营事故。

23日

交通运输部部长、部节能减排工作领导小组组长李盛霖主持召开节能减排工作领导小组会议。会议审议并原则通过了《交通运输节能减排专项资金申请指南（2011年度）》、《交通运输节能减排第三方审核机构管理暂行办法》、2011年节能宣传周活动方案、第四批交通运输行业节能减排示范项目名单以及交通运输行业落实国务院"十二五"节能减排综合性工作方案实施意见。

31日

交通运输部公布了交通运输行业第四批共20个节能减排示范项目，其中与城市客运相关的项目有常州市快速公交系统和纯电动公交车示范运行项目。

6月 29日

交通运输部印发《交通运输企业安全生产标准化建设实施方案》（交安监发〔2011〕322号），提出"到2015年城市客运百万车公里死亡事故件数和死亡人数平均每年下降1%"的工作目标，对包括城市公交、城市轨道交通、出租汽车等城市客运企业在内的各类交通运输企业的安全生产标准化建设提出了指导意见。

7月 19日

国务院总理、国家应对气候变化及节能减排工作领导小组组长温家宝主持召开国家应对气候变化及节能减排工作领导小组会议，审议并原则同意"十二五"节能减排综合性工作方案以及节能目标分解方案、主要污染物排放总量控制计划。会上强调了交通节能要重视发展公共交通，优化运用多种运输方式。

28日

交通运输部发布《关于贯彻落实国务院常务会议精神认真开展交通运输安全隐患专项排查整治的紧急通知》，要求贯彻落实国务院常务会议精神，认真开展交通运输安全隐患专项排查整治，切实遏制重特大事故的发生。

8月

19日 主题为“交通引领城市发展”的第28次全国中心城市交通改革与发展研讨会在山西太原举行，来自全国29个城市交通局（委）的百余名代表参加会议，共同探讨新形势下城市交通问题。交通运输部副部长高宏峰在会上强调要加快发展城市公共交通和构建低碳交通运输体系。

22日 交通运输部部长、部节能减排工作领导小组组长李盛霖主持召开部节能减排工作领导小组会议，审议并原则通过《公路水路交通运输行业落实 < 国务院“十二五”节能减排综合性工作方案 > 的实施意见》（简称《实施意见》）。会上强调了试点城市实施方案的特点：厦门突出了智能交通系统实现低碳效应，杭州突出了构建“五位一体”的绿色公交体系，南昌突出了城市客运的低碳化发展，贵阳突出了建设城市公交清洁能源系统工程。

26日 交通运输部印发《出租汽车服务质量信誉考核办法（试行）》，以规范出租汽车经营行为，建立完善出租汽车行业诚信体系，提升出租汽车服务水平。

9月

13日 交通运输部颁布《关于积极推进城乡道路客运一体化发展的意见》明确了推进城乡客运一体化发展的指导思想、目标原则、主要任务和保障措施。

16日 交通运输部在江苏省溧阳市召开推进城乡客运一体化发展现场会，交通运输部副部长冯正霖在会上要求，充分发挥政府在城乡客运发展中的主导性作用，加大政策支持力度，促进城乡道路客运一体化健康发展，让城乡居民出行更加便捷、更加安全、更加满意。江苏省副省长史和平出席会议并致辞。全国20个省份的交通运输部门代表以及部分地区政府部门负责人交流经验、共商发展，并考察了江苏省溧阳市和句容市的城乡客运一体化发展成果。

20日 国家发改委办公厅、交通运输部办公厅、住房和城乡建设部办公厅联合下发《关于开展城市轨道交通安全检查的通知》，针对全国城市轨道交通在建项目和运营线路共同开展安全检查，排查安全管理薄弱环节和潜在隐患，切实落实城市轨道交通安全管理。

27日 国务院在北京召开全国节能减排工作电视电话会议，全面动员和部署“十二五”节能减排工作。李克强副总理主持会议，温家宝总理作重要讲话。温家宝提出交通节能减排要重视发展公共交通，统筹发展和优化运用多种运输方式，逐步提高机动车排放标准，积极推广节能与新能源汽车。

10月

11日 交通运输部副部长翁孟勇与澳大利亚基础设施和运输部副部长迈克·麦达克举行会谈，重点就城市交通管理、农村公路建设、中澳合作谅解备忘录的实施等问题广泛交换了意见。麦达克指出，城市拥堵已成为全球共性问题，双方围绕城市公共交通管理开展合作，共同探讨有效应对之策的意义重大。

17日 交通运输部副部长翁孟勇出席在美国奥兰多举行的第十八届世界智能运输大会，与来自世界各国的交通部长或副部长，围绕“推动经济持续增长”这一主题进行了热烈的讨论。会上翁孟勇副部长提出要对城市公交出行信息服务方面实现功能重造，减小和消除不同运输方式、不同交通网络、不同地区以及城乡间交通运输服务水平的差异，使各类交通运输参与者能够公平可靠地享受到同质化、一体化的基本交通运输服务。

20日　交通运输部印发《道路运输业“十二五”发展规划纲要》（交运发〔2011〕590号），提出构建便捷的客运服务网络，推进城乡客运一体化发展；强化出租汽车市场管理，促进行业稳定健康发展等。

26-29日　“沃尔沃研究与教育基金会2011年高级研究中心年会”在北京举行。来自美国、英国、南非、印度、智利、澳大利亚等8个沃尔沃高级城市交通研究中心的40余位专家学者围绕城市交通拥堵治理、公共交通优先发展等议题展开了广泛而深入的交流讨论。

11月

9日　交通运输部印发《关于开展国家公交都市建设示范工程有关事项的通知》，提出了国家“公交都市”创建的指导思想和原则，试点城市推荐条件和程序，制定了国家“公交都市”建设示范工程的考核目标，明确了推进国家“公交都市”建设示范工程的主要任务和工作要求。

12月

1日　交通运输部道路运输司组织编写的《2010中国城市客运发展年度报告》首次出版发行。

5日　湖北省政府办公厅出台了《关于进一步加快发展城市公共交通的若干意见》。文件要求，要建立公交发展考评机制，开展城市公共交通考核评价工作，将城市公共交通发展水平纳入城市人民政府年度目标考核体系。

6日　北京市政府召开研究缓解市区交通拥堵专题会议，市委副书记、市长郭金龙主持会议。会议研究并原则通过了《缓解北京市区交通拥堵第九阶段（2012年）工作方案》。

26日　《国务院办公厅关于进一步促进道路运输行业健康稳定发展的通知》（国办发〔2011〕63号），其中针对城市客运健康稳定发展，提出若干相关政策措施：

（1）财税部门要完善道路客货运输枢纽（站场）和城市公交站场的营业税、城镇土地使用税政策，在“十二五”期末前暂免征城市公交企业新购置公交车辆的车辆购置税。

（2）民政部要会同交通运输部等部门逐步理顺城市公交和出租汽车全国性行业协会管理体制，并指导各地根据实际需要建立完善道路运输、城市公共交通和出租汽车等行业协会组织。

（3）各级人民政府要建立健全道路客运、出租汽车运价与成品油价格联动机制，通过及时调整运价或燃油附加费等方式，妥善疏导因成品油价格大幅波动造成的运输成本变动影响。

26日　交通运输部公布《出租汽车驾驶员从业资格管理规定》（2011年第13号令），从考试、注册、继续教育环节入手，加强出租汽车驾驶员准入管理，提高从业人员素质，提升出租汽车服务质量。

28 日　《北京市“十二五”节能减排全民行动计划》发布。按照该计划，北京市将在“十二五”时期率先实施机动车国 V 排放标准，并将在重点大街、历史文化保护区及商务中心等区域设立自行车专用道，实现中心城区公共交通出行比例不低于 50%。

31 日　2012 年全国交通运输工作会议在京召开。李盛霖部长强调要求落实城市公交优先发展战略，推进国家“公交都市”建设和城市客运智能化示范工程，完善城乡客运一体化发展政策措施，进一步规范农村客运发展。